给父母的
建　议

[苏]苏霍姆林斯基　著

柳杨　编译

四川教育出版社
·成都·

图书在版编目（CIP）数据

给父母的建议 / [苏] 苏霍姆林斯基著；柳杨编译. —
成都：四川教育出版社，2022.12
ISBN 978-7-5408-8409-3

I. ①给… II. ①苏… ②柳… III. ①家庭教育
IV. ① G78

中国版本图书馆 CIP 数据核字（2022）第 247203 号

GEI FUMU DE JIANYI

给父母的建议

[苏] 苏霍姆林斯基　著

柳杨　编译

出 品 人　雷　华
责任编辑　周代林
责任校对　王曼炜
责任印制　田东洋
封面设计　春浅浅
出版发行　四川教育出版社
　　地　　址　成都市锦江区三色路 266 号新华之星 A 座
　　邮政编码　610023
　　网　　址　www.chuanjiaoshe.com
印　　刷　三河市众誉天成印务有限公司
版　　次　2023 年 1 月第 1 版
印　　次　2023 年 1 月第 1 次印刷
开　　本　880mm×1230mm　1/32
印　　张　6
书　　号　ISBN 978-7-5408-8409-3
定　　价　36.00 元

如发现印装质量问题，影响阅读，请与本社联系。

总编室电话：（028）86365120　编辑部电话：（028）86365129

前　言

亲爱的父亲们、母亲们：

　　近两年来，你们寄来的数千封信我都收到了。原谅我，我不能一一回复，但是也不可能不回复。每当我打开存放你们来信的文件夹，那些数不尽的痛苦、悲伤和忧愁就透过一页页薄薄的信纸进入我的心中，我仿佛触摸到了一颗颗完全裸露的心。邮局今天又送来了九封信。我一封封地读着，渐渐地，别人的痛苦就把我的心给填满了。不，我不应该说这些痛苦是别人的。如果我读完这些充斥着痛苦、悲伤和忧愁的信件却无动于衷，不做些力所能及的事来帮助他们，那么他们还能期望谁来帮助自己呢？

　　很多家庭的不幸都有共通点。从一些信里，我发现最让父母不安的事是儿子或女儿的某些表现违背了父母的期望，这让很多家庭的生活都蒙上了一层阴影。一位来自新西伯利亚的母亲这样谈论她三年级的孩子："上学之前他就学会了读书和写字，一年级时还是个优等生。不过很快我就发现，他对学习越来越没有兴趣，他无所谓得三分还是五分。到底发生了什么？为什么事情成了这个样子？不仅仅是我家孩子有这样的情况，据别的家长所说，他们的孩子也有这样的情况。我们该怎样把孩子培养成对学习有浓厚的兴趣的人？怎样做才能使孩子喜爱读书，甚至到废寝忘食的地步呢？”

"我真不知道该拿我十三岁的儿子怎么办！"来自伏尔日斯克的一位父亲在信中写道，"他曾经是那么的安静、听话和温顺，但是后来无缘无故地就变得粗野、蛮横，总是和我们对着干。他就像老人们常说的，好像被谁用毒眼看坏了一样。如果听任他身上的坏毛病继续发展，后果真的不堪设想。我现在实在是一筹莫展。怎么办呢？”

读第三封信时，我发现，父母的担忧已经恶化为痛苦和绝望了。"我只有一个儿子，"一位来自顿涅茨克的母亲在信中写道，"为了全心全意地照顾他，不让他感到任何缺憾，成长为一个幸福的人，我把全部心血和整个生命都放在了他身上，几乎放弃了个人的幸福，舍弃了自己的一切。但是巨大的不幸却突然向我袭来。前不久他还在学校读九年级，但有一天，他回家后告诉我：'我已经三天没有去上学了，而且我以后也不会去上学了。如果你非要强迫我去上学，我一定会离开这个家……' 我哭着劝他不要这样，没想到他反而怒气冲冲地对我说：'从今以后我再也不想认你这个母亲了，但你放心，在此之前我会去打工，去挣钱，一定会把你花在我身上的钱全部还给你！'他的话无异于一把扎在我心上的尖刀，要知道，我活着都是为了他呀！他为什么要这么侮辱我？我怎么落得这样的下场？"

不断重复着的悲剧几乎充斥着每一封信。目前的情况就是孩子们的心变得粗野、冷酷，不再相信善良与仁慈……因此，父母们发出了同样的哀号："怎么办？"

不单单只有写信这一种方式，有的母亲还带着自己的苦恼，穿过许多城市来到我面前。和那些直言不讳的来信一样，我们的交谈并不轻松，但很坦诚。和她们的交流让我对这一点深信不疑：在我们的社会里，无论是父母，还是即将成家的年轻男女，都需要一本关于家庭、关于婚姻道德修养、关于子女教育的家庭教育书，它甚至有资格成为每一个公民案头必备的读物。家长教育学要在专门的家长学校里教授，它是一门把培养人的科学视为最重要的事情的学科。

做一个形象的比喻，家庭教育就像是树木的根须，供养着教育的树干、枝叶和花果。所以，可以说，良好的家庭道德是学校教育成果的基础，社会教育也是从家庭开始的。

漫长的三十多年里，我每天都和家长们接触。"怎么做？""怎样教育孩子？""怎样使对孩子的爱与严格要求协调起来？""怎样才能给孩子幸福？"无论是在与个别家长交谈时，还是在家长学校的课堂上，这些都是家长提出的最尖锐、最急迫的问题。没有什么比父母教育孩子更加需要智慧的了，这种智慧我一生都在苦苦求索，你手中的这本薄薄的书就是我长期思索的结晶。我只愿它能够为家长的智慧宝库增添一点点精神财富，哪怕它只是那种父母必备的家长教育学中的一页也是很好的。如果真的能够受到这样的认可，那么作为作者，我将感到莫大的幸福。

苏霍姆林斯基

目 录
content

论家长的教育学素养

父亲、母亲都是教育者，也都是富有智慧的人的塑造者，从这一点上来讲，父母的作用丝毫不亚于教师。

利用家长集体的力量

这么多年来，我们和大多数学校一样，为了做好家长工作，也要定期召开家长会，平日还会在学校或者在家里与家长交谈。家长委员会也有自己的工作计划。但是总的来说，家长集体并没有在我们学校建立起来。家长们只在家长会上见面，见面时家长们也只对自家孩子的成绩和表现感兴趣，至于对全班甚至全校孩子的事情，是不大感兴趣的。

为什么我们要努力地建设友好而且目的明确的家长集体？原因在于当需要家庭和学校在儿童教育中统一步调的时候，由于家长集体的缺失，家长们很难形成一致的意见。我们很清楚，如果只寄希望于召开各种家长会议，那么是不可能建立起这样的集体的。除了开会，家长集体还必须有自己的工作，要使它像任何一个工厂、农庄、机关集体一样，开展积极和有创造性的活动。

教育儿童是一种劳动，而且是一种极需细心和耐心的劳动。既然孩子们在同一所学校里学习，那么他们的父母必然会有共同关注的话题，这就是建立团结一致的家长集体的基础。

首先，我们应该明确，家长集体在学校的主要任务是提高学生的知识质量。在研究了学生们的家庭情况后，我们发现家长的文化水平相比从前已经发生了巨大的变化。大多数学生的父母和兄姐都具有高等或中等学历，甚至其中还有许多工程师、技术员、农艺师以及其他方面的专家。毋庸置疑，他们完全有能力在教学—教育的各种方面给予学校帮助。而现在的问题在于我们应该如何积极而有计划地吸引他们参与这项工作。

家长究竟应该怎样帮助学生完成家庭作业？我相信这是所有家长都感兴趣的重要问题。我们决定召开一次家长会专门研究这个问题。家长集体的建立，不妨就从这里开始吧。在召开此次家长会之前，关于家长监督孩子完成家庭作业的方式，我们做了详细的了解，并总结出了以下规律：一般来说，只要孩子是在看书写字，家长就会认为他是在做功课。但是至于孩子到底做了些什么，如何做的，有什么结果，家长就不大关心了。

教师们曾经在学生做家庭作业的时段里到45名学生家里查看过，发现他们都只在做教师第二天要检查的作业。譬如，七年级周二和周六有几何课，那么周一和周五放学后七年级学生就会做几何课的作业，而其他时间他们不仅不做几何课的作业，连几何书都不会碰一下。其他课程也是这样。几乎每一个"明天"都有课，所以学生们几乎每一天都在忙碌。家长也以为自家孩子是在按照应有的方式做该做的一切，因此对他们的表现十分满意。

鉴于这种情况，我们在家长会上向家长们介绍了学校编排课程表的原则，并告诉家长，他们的任务不仅仅是督促孩子完成作业，更重要的是帮助孩子学会用经济有效的方法来完成作业。我们告诉家长：要想知识记得牢，那么孩子不仅要准备明天的功课，还要及时完成今天课上布置的任务。

家长会上，家长们也提醒教师要注意学生的学习负担问题，他们指出学生每天的作业量不均衡，每周有几天作业特别多。家长的批评让我们笃信，只要共同努力，教学工作中的缺陷很快就能得到弥补。

这次家长会后，我们发现家长们开始提醒孩子做作业时不要急急忙忙，以防对知识一知半解，这说明家长会有了明显的效果。我们建立家长集体的下一步工作是组织"家长日"活动。我们希望所有的家长在这一天都能到场，希望用具体事例让他们知道，孩子做功课时家长应该做什么，不应该做什么。为了实现这一目的，我们做了长时间的准备：学校设置了专门的展览室，家长在里面能够看到学生的各种作业和他们亲手制作的直观教具；家长委员会甚至还专门出版了一期墙报——《家庭和学校》。

十月底，全校各个年级都开展了"家长日"活动。许多学生的家长都前来参加。当着学生的面，班主任向家长们介绍了学生的学业情况，以及在课堂提问和书面作业中反映出来的在做家庭作业过程中存在的问题。六年级班主任玛·阿·雷萨克详细地介绍了女学生 T 在家里准备功课的方式。班主任告诉来

访的家长们，为了让学生们反复复习学过的知识，学校为每个
年级都编制了各门功课的复习时间表。哪怕这时离下次上这门
课还有两三天的时间，学生们也应该及时复习当天的功课。在
这几天里学生还应该大致浏览一下这些功课，在下次上课前，
再最后仔细地复习一次。

班主任讲完后，学生们先回家，家长们留下来开座谈会。座
谈会上，班主任举出各式各样的实例，说明在准备功课时怎样做
正确，怎样做不正确。我们希望家长能够提醒孩子按照复习时间
表准备功课，培养按时学习、独立完成作业的习惯。通过老师所
举的实例，家长们明白了很重要的一点：两三个孩子经常一起做
作业，会使其中理解知识较慢的孩子的成绩下降，这种做作业的
方式甚至会让一些孩子养成不动脑筋、抄袭作业的坏习惯。

这里讲一个实例。工人 M 家的女儿玛丽娅和娜杰日达都是
七年级的学生。玛丽娅理解力强，对教材上的知识记得很快，
但是娜杰日达却需要思考很长时间才能掌握教材上的知识。两
姐妹天天一起做功课，娜杰日达总是赶不上玛丽娅，就只好照
抄玛丽娅的作业。同样的问题在家长帮助孩子做作业的时候也
会出现。

教师告诉家长，帮助孩子时要督促他独立工作，而不是替
他做作业。帮助孩子时尤其要指导他大声记诵，因为出声记诵
能使孩子及时了解自己对知识的掌握程度。

"家长日"活动后，校长、教务主任和全体教师又开始了

每周两次的家访，而且特意在学生做家庭作业的时候去家访。教师们首先来到常常完成不了家庭作业的学生家里，看看他们是否在独立做作业，了解他们遇到的困难，然后帮助他们做好学习计划以便让他们顺利完成每一次作业。

举一个例子：

> 五年级学生 K 在第一学季里 [①] 俄语、历史、地理三门功课考试成绩都不理想。家长一想到自己的儿子在学习上花的工夫可不少，常常一坐就是几个小时，就对这一结果非常不解。班主任瓦阿·斯科契克家访时发现，在复习功课时，K 从来不自我检查。比如背书时，他就坐在那里，捧着课本一遍又一遍地从头读到尾，企图一次记住所有内容。教师告诉学生，首先应该把课文从头到尾看两遍，了解所有内容后，再把它分为几个部分，一部分、一部分地复述，最后再把全部课文复述出来；应该把重大历史事件的时间单独摘抄出来，以便经常复习。在教师的建议下，K 的家长对 K 的学习进行了正确的指导，K 的俄语、历史、地理成绩在一个月后有了很大的进步，再也没有得过令人伤心的分数。

让学生养成既准备好明天的功课，又做好今天的作业的习

---

① 在苏联，一个学年有四个学季。——译者注

惯，是一件很困难的事情。毕竟如果要准备好明天的功课，哪里还有时间去做好今天的作业呢？很多学生对这一点非常不解。想要改变学生的学习习惯，往往需要花费几个星期的时间，然而我们最终还是成功做到了。我们总结出了一种学习方式，它的好处是既能让学生们对教师当天讲过的内容记忆犹新，很容易就能记住，又能在剩下的时间里从容不迫地准备明天的功课。于是我们将这一学习方式传授给学生们，告诉他们，回到家后可以先休息一会儿，然后在规定的时间里按顺序做家庭作业，顺序是先做书面作业，再做口头作业……很快学生们就发现了这一学习方式的好处并受益匪浅。

为了在两个半月内对全校学生都进行一次家访，我们规定每一位教师每周都要访问两个家庭，那么每周二十五名教师就能访问五十个家庭。在研究、指导每个学生的家庭作业之外，我们还弄明白了我们下一步应该做些什么才能统一所有家长对学生的要求。现在，我们十分具体地了解到每个家庭、每位家长督促自己孩子学习的方式。我们的家访也受到了家长们的欢迎，他们表示为了提高孩子的学习成绩，他们乐意做任何事情。

像第一次家长会一样，六月末召开的第二次家长会同样被我们称为学术会议。这样的称号在我们看来毫不夸张，因为我们家长的思想和文化水平使我们能够在现代教育科学要求的高度上进行家长工作。在家长会上，我们和家长们一起讨论了教育—教学问题，学习了巴甫洛夫学说和马卡连柯极富创造性的教育思想。

几乎全体家长都出席了第二次家长会，所以我们不得不借用了镇俱乐部礼堂。校长在家长会上做了报告，总结了在教师和家长的共同努力下，学校在培养学生独立学习习惯方面取得的初步成绩。考虑到指导学生家庭作业的正确方法已经被大多数家长所掌握，因此，分析个别家长的问题成了校长在此次家长会上的主要关注点。

在家长会上，家长们也交流了自己在督促孩子做好家庭作业方面的经验。譬如，四年级学生 B 的父亲告诉大家，儿子从学会独立做作业以来，成绩有了明显的提高。五年级学生的母亲也说，正是由于严格遵循了各门功课的复习时间表，她成功地培养出了孩子耐心学习和在规定时间内学习的好习惯。

家长们的发言中也包含了对个别家长、教师的批评和意见。譬如，批评个别家长总是用不断买礼物的方法刺激孩子学习，指出有些教师布置的作业太多了，学生的负担因此大大加重。

现在我们已经需要专门安排时间来听取家长的意见和建议，因为从家长们的发言中我们感受到家长集体和教师集体开始有了共同的追求，家长们不仅关心自己的孩子，也为整个学校的工作操心。

为了研究家庭怎样对孩子进行思想政治教育的问题，我们又在学年末召开了第三次家长会。集体农庄庄员做了题为"我的家庭"的报告，讲述了自己教育孩子从小热爱劳动、关心别人以及引导孩子了解自己在集体农庄的工作的方法。听众们被该报告深深地吸引，并对报告内容进行了热烈的讨论。庄员们纷纷表示家长理应用自己的日常劳动和个人行为为孩子们树立榜样。

要求家长用正确的方法指导学生完成家庭作业，这是我们直到学年末也没有忘记的主要的事情。教师们仍然坚持家访，只是家访的频率不像从前那么高，因为这个问题已经基本解决。

在家长集体的帮助下，我们学校的综合技术教育已经有了明显的改善。家长帮助我们和农机站、发电站、集体农庄建立起了密切的联系。物理老师组织的一系列参观活动，使孩子们有机会亲眼看到内燃机、电动机和各种农用机械。农业生产先进工作者的座谈会也是家长集体帮助我们组织的。

家长会上还讨论过社会主义农业对我们学校毕业生的要求。这次会议后，教师集体和家长集体更加紧密地联合在了一起。

本学年巩固家长集体的工作仍在继续进行：最重要的教育问题将在每学季一次的家长会上讨论；家长委员会每月要出一期墙报；定期为家长提供咨询已经成为学校的传统。现在，孩子的教育已经受到了家长空前的关注，即使再忙，他们每天都会抽出一些时间来照管孩子，坚持用正确的方法指导孩子完成家庭作业。如果孩子们真的这样做了，那么学习和劳动都会变得轻松而有成效。

这一学年里，没有一个学生在地理、物理、历史、自然、化学、文学、苏联宪法等学科的考试中不及格。我们相信，随着家长工作的不断完善，留级现象将会被完全消灭。

让孩子学会思考（与家长的谈话）

不久以前，我在基洛夫格勒旅行时认识了一位年轻的铁路工人。他在一个小站工作，那里甚至连一所小学都没有。那位年轻的父亲从学校开完家长会回来后我见到了他，他那忧伤的眼睛让我惊奇，我仿佛看到了他内心深藏的痛苦，这使我久久不能平静。

"我的儿子上三年级了，现在住在一个远房亲戚家，"这位父亲对我说，"没有什么比从一位教师那里听到这样的话更让人痛苦了！如果您不仅仅是一位教师，还是一位父亲，您就能理解我的感受了。教师说：'虽然您的儿子安静，守纪律，爱劳动，但是我不得不说，他的智力不行。他能得三分就不错了。'教师的意思我能理解，其实我的儿子很少能得三分，更别提四分甚至五分了。同样一堂课，别的孩子能做出来三四道题，而我的萨什卡一道也做不出来，甚至连题目的意思都难以理解。这到底是怎么回事呢？难道我儿子的发育出了什么问题吗？请您相信，我愿意用我的后半生来让我的儿子聪明起来。"

和一位父亲谈论这样的话题实在是太沉重了。但是即使这样的谈话不轻松，我也一定要谈，因为对于喜爱孩子的父母来说，没有什么比孩子更加珍贵的了！人生活的意义就在于，能在一个新生命身上再现自己，而且是在更高水平上再现自己；要使自己的孩子在智慧、道德、审美各个方面都比我们——孩子的父母——有更高的发展水平。这是一个永恒的真理。

在现代，在这个每个公民的创造力都得到蓬勃发展的社会主义时代，一个人的智力发展水平决定了他的命运和是否幸福。只要在我们的社会里还有在学习上不断失败的倒霉人，那么我们就不可能使所有的社会成员都毫无例外地获得真正意义上的幸福，而个人幸福是社会幸福的保证。一个在某种程度上感到自己智力发展有缺陷的人是很不幸的。家长因为孩子学习困难而不安，这并不值得奇怪：为什么别人的孩子可以学得很好，而自己孩子的成绩却不超过三分？难道是命该如此？命运为什么对人厚此薄彼？要知道我们就要对年轻一代实施中等义务教育，这样的新鲜事在历史上从未有过。每一个人都必须接受中等教育，这就意味着被人死拉硬拽、勉强读完八年级的瓦洛佳或者科利亚还必须继续学习，他们必须读完十年级。

于是学校就面临着非常尖锐的问题：不仅要对伤心的父母提出的各种问题给出正确的回答，还要帮助他们找到他们的瓦洛佳或者科利亚发展智力的途径。此外，学校还需要尽量阻止这样的悲剧再次上演：年轻的公民经历了自信心崩塌后，不仅从学校这艘航船落水，还让自己站到了社会的对立面，与之冲突不断。

父亲、母亲都是教育者，也都是富有智慧的人的塑造者，从这一点上来讲，父母的作用丝毫不亚于教师。而且，早在孩子出生以前，他的智力就已经在自己父母的根基上发展起来，对孩子的教育是从母亲的腹中就开始了的。因此，为了防止上面讲的悲剧发生，除了学校需要尽力而为，父母也应当出力。

亲爱的父亲们、母亲们，孩子聪明伶俐、人类所有珍贵的精神财富都能成为孩子的财富应该是你们很多人的愿望吧。那么，你们有没有想过，到底是什么决定了这个愿望能否实现？又是哪些因素决定了儿童和成人的智力呢？

很多因素都会影响智力。首先要提到的就是一些年轻父母对待新生命的不负责任的态度。

这里就要说到遗传的问题了。脑是智力活动的物质基础，孩子尚在母亲的腹中时他们的脑就开始发育了。父母嗜酒，是儿童健康，尤其是儿童智力发展的可怕的敌人。酗酒者生下的孩子，大脑发育或多或少都会出现一些偏差和异常。所以，如果父亲或者母亲总是喝得烂醉，那么生一个先天残疾者并不是什么难事。在父母醉酒时怀上的胎儿容易患上"胎儿酒精综合征"，其严重后果之一就是损伤胎儿大脑的发育。那些大脑损伤严重的孩子，在还未出生之前，就注定了以后要接受在智力落后儿童学校上学的命运。大脑损伤轻的孩子也免不了思维迟钝，记忆力薄弱。总之，这些孩子一生都要承受父母轻佻行为强加给他们的痛苦。

　　我之所以说这些话是因为非常遗憾，我们这里就有因为父母酗酒而导致智力损伤的孩子。有个少年就是这样一个不幸的人：他费了好大的力气，才学会了写字；上到小学五年级，他才第一次能够独立解答三年级的简单算术题；两个小时后，他就会把之前记熟的规则忘得一干二净；算术题念到题尾，就忘了题头。记忆发展的缺陷是脑细胞损伤的结果，医学对此也束手无策。在某种程度上，只有耐心、细致的教育才有可能帮助其智力发展。但是坦白地说，有能力做这样的工作的，只有百分之一的教师。总而言之，他父母的罪过给他造成的损害，无论怎样的教育也无法弥补。

　　请各位年轻的父亲、母亲记住，是你们自己的观念和行为决定了你们孩子的健康和智力发展。要记住，不能用简单的生物行为来描述创造人这项伟大的活动。人的活动，包括他的生育是有意识的，他能自觉地在孩子身上重现自己，这就是人区别于动物的原因。

　　在很大程度上，环境决定了儿童的智力发展水平，因为孩子对世界的最初认识就来自身边的环境。我们从人的环境谈起，谈谈人和人之间复杂、多样的相互关系对孩子的影响。儿童是在人和人的相互关系中认识世界、认识自我的；他认识到自己是自然的一个部分，是自然界中有理性、有才能、有创造性的生物。

　　观察的能力、发现那些一眼望去没有什么特色的事物的能力，是支撑思维翅膀飞翔的动力。父母应该在孩子刚刚产生意识时就引导他观察周围的各种事物和现象，留心它们之间的因果关系。我们周围的世界里那些使人感兴趣、等待被人发现和认识的事物之中，隐藏着理性、思维、智慧的最初源泉。不难想象，几万年前，我们的祖先发现了他不明白，但是很想弄明白的某种事物的时刻，就是迸发出第一丝思想火花的时刻。

从人类文明出现直到现在，我们周围的世界，首先是自然界，一直被认为是人类极为丰富、取之不尽的思维源泉。求知欲是智慧的最初表现。您带着自己四岁的儿子去散步，告诉他："瞧，这就是森林，人工栽植的小树林就在森林的后面，有松树、杉树、橡树、白蜡树……"当天然林和人工栽植林的区别不能被孩子发现时，就是您培养他的求知欲望、教会他观察的好时机。您可以提醒孩子："去看看这些大树和它们后面的小树有什么不同。"也许孩子不能一下子说出来，但是只要他用心观察就一定可以发现不同。发现不同后，他会高兴得眼睛突然发亮，然后喊道："森林里的树木没有成行排列，可是你瞧，小树林里的树排列得多么整齐呀！"

您可以问孩子："为什么会这样呢？好好想一想。"于是孩子又要开始动脑筋了。他很想弄懂他不明白的事情，当然，他并不总是能成功。但是，即使您的问题他回答不了，即使您自己说出了答案，孩子意识里求知的火花也会被点燃。那些在您激起他求知欲望之前，在他知道人可以用双手培植森林之前，从不会注意的东西都将会被您的孩子发现。

你们走进一片古老的森林，眼前是橡树和白蜡树粗壮的树干。这些树干上长有绿色的苔藓，而且它们只长在背向太阳的一面。

当您的孩子发现这一点时会问您："这是为什么？"面对这个令人惊奇的现象，他还没有足够的知识来解释，而大自然的神秘再一次让他激动不已。你们来到森林深处，孩子大声喊叫"爱——琴——海"，山谷里荡漾着远处传来的回声，随后这神奇的声音渐渐消失在远处，于是孩子又会向您提出新的"为什么"。

就这样，孩子认识世界的道路开始了。您需要利用每一个机会帮助孩子在这条路上一步一步走下去。您可以和他一起去田野，去森林，去池塘边，只要您有一双善于发现的眼睛，并将自己的发现展示给孩子，那么即使是灌木丛生、最不起眼的小沟壑里，孩子也能发现许多令人惊奇的东西。孩子求知欲望升腾的时刻，就是那些令人难忘，使孩子迷惑、诧异的时刻。

在孩子提问、思索的同时，他的大脑中进行着复杂的活动，思维细胞之间建立起极为精细的联系网络。周围世界在孩子面前展示的现象越是丰富多彩，让孩子迷惑不解的事情也就越多：为什么夏天的太阳升得比冬天高？为什么橡树那么高大却结着小小的橡实，而细细的瓜藤结出的西瓜和南瓜却那么大？电闪和雷鸣为什么会出现在天空中？冬季里，为什么有些小鸟要飞向温暖的南方，而另一些小鸟却会留下来？您的孩子在无边无际的大自然中漫游时，会向您提出成千上万个问题。年幼时周围世界里越多的东西被他看到，越多的问题被他提出，他的眼睛就会越明亮，思维就会越敏捷。因此，让我们努力地培养孩子的智慧，教会他们思考吧！

没有惩罚的教育

基洛夫警察局的儿童收容所收容了一个十四岁的、上了近三年五年级的机灵、活泼的少年。这次他是从家里跑出来的。"我决不回家，也决不上学。"这句话他在警察局里反反复复地说着。

儿童收容所要求学校给少年写个鉴定，于是校长做了以下答复：学生费奥多尔·斯就是一个流氓、无赖，他简直不可救药，坏得透顶。他嘲弄老师是二流子、笨蛋。鉴于费奥多尔离家之前曾多次在课堂上学猫叫，学狗叫，出尽了洋相，而且在出走的路上曾取下车站商店的玻璃，从橱窗里盗走一个背囊、一个小手电筒和几节电池。校长认为"他的这些犯罪行为理应受到严惩，他这样的学生绝不能留在普通学校里"。就在这些威严的言辞中，校长结束了对自己学生的鉴定。

费佳（费奥多尔的小名）的命运值得我们回过头来看看。为什么至今仍有孩子无人监管？这种反常社会现象的根源在哪里？家长们，无论你是工人、医生、教师，还是党务工作者或者经济工作者，或者你尚且年轻，是未来的父亲或者母亲，我们都应该来想一想这些问题。要知道，孩子无人监管的危险性不仅仅在于事情本身，还在于它会使一部分孩子以道德精神被扭曲的状态进入社会。一旦时机成熟，童年无人照管这颗恶种，就会结出自己的恶果。

我坚信，造成孩子流浪街头、违法犯罪的主要原因在于家庭和学校教育的失误。家长也好，教师也好，都应该深刻地认识到，最精细、最复杂的造就人的任务是不可能由家庭或者学校独自承担起来的。然而现在的情况却是家庭和学校互不理睬，都只按照自己的一套方法教育孩子。

怎样教育孩子？怎样塑造他们的性格，培养他们的观点和习惯？这个过程包括哪些内容？许多家长完全不懂如何解答这些问题。每位父母都希望自己的孩子成为诚实、热爱劳动、对社会有益的好人，然而不幸的是，并不是所有的父母都会教育孩子。

通过实践，我们相信：对于成人来说，孩子本身就是巨大的教育力量。实际上，有孩子的家庭完全可以成为教师培养纯洁道德、高尚思想、诚挚人际关系的教育基地。我们之所以把指导家长教育孩子也作为教师最重要的任务，是因为如果在学校的帮助下，年轻家庭有了较高的家庭–学校教育的教育学素养，那么奇迹就有可能由孩子创造：这种家庭里的孩子不会允许家长成为酗酒者，家长粗野的对话和无谓的争吵都会被他们制止。

　　家长学校在我们学校已经成立了十五年，经常开展活动。它有好几个组：第一组是为没有孩子的年轻夫妇设置的；第二组是为即将入学的学前儿童家长设置的；还有为其他年龄段学生的父亲、母亲设置的相应的组。虽然孩子们只需要在学校学习十年，但是他们的家长却要在家长学校学习十三年。父亲、母亲都要参加学习，没有例外。家长因故不能出席时，需要得到校长或者班主任的许可。

　　每个小组每月学习两次，每次一个半小时，主持人一般由校长、教务主任和优秀教师担任。作为校长，我始终认为学校领导人最必需、最重要的工作之一就是家长学校的工作。

　　在给家长讲课时，教师不应该空喊口号或是泛泛地号召，而应该尽量具体地说明怎样教育儿童、少年和青年男女，给父亲、母亲提出些适用的建议。

　　例如，对于没有孩子的年轻夫妇——未来的家长，怎样处理夫妻关系，怎样控制各自的欲望，使家庭成员的各种愿望能够协调起来是我们主讲的内容。讲课时，在尊重个人隐私的前提下，我们需要轻轻触动人们内心深处最隐秘、最珍贵的角落，这也正是能够吸引年轻夫妇的地方。顺便说一句，这些年轻夫妇几乎全都是我们从前的学生。

　　托尔斯泰说过：孩子的降临使父母置身于一个特殊的敏感领域。因此，在孩子出生之前，我们就应该尽可能清楚地把这个敏感领域展示给他的父亲和母亲。

为了和即将入学的孩子的家长讨论怎样发展孩子的智力和语言，怎样培养孩子的情感，我们开设了"父与子""母与女""家庭是学习人际关系的学校""儿童的道德教育"等专题讲座。

家庭教育最重要的组成部分就是儿童的劳动锻炼。说到这里，我想起民间有一条非常明智的训诫：从孩子学会用勺子吃饭的那一天起，就应该教他劳动。在我们学生的家里，劳动成了建立家庭成员文明关系的基础。为了人，为了人的幸福和快乐而劳动，就像一根红线贯穿在整个家庭生活之中。

我们和父母一起努力，在孩子刚刚懂事和即将成年时，都要求他为别人做点什么事情。比如在他七岁即将入学时，让他在自家院子里为妈妈栽上一棵苹果树，在果实成熟后，把从树上摘下的第一批果实献给妈妈。

如果一个十一二岁的孩子，回顾童年时对自己劳动生活的最初成果毫无印象，不能满意地对自己说出："为了给大家一个休息的地方，我为大家种上了这片绿色的小树林。那棵葡萄树也是我为大家栽的。"那么，对孩子的教育就是片面的。

多年的经验使我们坚信一个教育规律的真实性，即"哪里的儿童、少年把为别人、为社会劳动当作快乐的源泉，哪里就完全用不着惩罚"。这样的孩子用不着惩罚，甚至连与惩罚有关的问题都不会发生。

我可以肯定地说，是的，我们学校的学生不知道什么是惩罚。因为对创造的渴望和为别人做好事时体验到的满足感是我们学生童年快乐的源泉。在我们这里，少先队和班级都不训斥孩子；抽皮带、打后脑勺和其他形式的惩罚也完全从家庭中消失。

不能做到这一点，就很难说家长和学校教师集体具备最起码的教育学修养。列宁说过：只有学校能够巩固革命的成果。然而，没有惩罚的教育不只是小小学校的事情，它也是对社会、对社会最精细最复杂的领域——人的意识、行为、相互关系进行共产主义改造的最重要问题之一。

为了杜绝犯罪，必须更加严厉地惩罚孩子，这是我常常会听到的一种议论。这种说法是错误的！如果人们在童年时期、少年时期和青年早期都没有受到惩罚，准确地说，如果没有惩罚的需要，那么儿童、少年的犯罪就不会出现。

我开头讲到的那个离家出走的少年费佳。学校也好，家庭也好，对于费佳来说都是地狱一样的存在，这是当时就已经弄清楚了的。他学习吃力，怎么努力也学不好功课，而教师却只会没完没了地在家长联系簿上写："您的儿子不愿意学习，请采取措施……""您的儿子表现得很差，请采取措施……"父母每一次撂下联系簿，都会"采取措施"，把他痛打一顿。他恨透了教师和父母，于是开始故意不做作业，故意破坏纪律。

惩罚会使孩子常常受到恐惧、痛苦、羞辱的折磨，如果孩子长期遭受惩罚，那么他内在的、天生的自我教育力量就会逐渐衰弱。惩罚越多、越残酷，自我教育力量就越小。这是每个人都应该记住的。

人会在受到惩罚，尤其是惩罚的公正性受到怀疑的时候（这种情况时有发生）变得粗野、凶狠、残忍。一个人如果在他的童年时期和少年时期经受过这样的惩罚，那么他不会害怕警察局，也不会害怕法庭和劳动教养院。

心灵的粗野、道德上的厚颜无耻和对高尚美好事物的麻木是最让我们教育工作者惧怕和伤脑筋的。它们萌生在家庭里，萌生在儿童幼年时。为了预防家庭中的这种灾难，家长需要在学校的帮助下不断提高自己的教育学修养。

当然，难教育、非常难教育的家庭是肯定存在的。不过，我在学校工作的几十年里，还没有遇到过完全不可救药的家长。再难教育的家长，心里也还是有善的火花的。哪怕家长心中只有一粒微不足道的火星，把这一粒小小的火星变成明亮的火炬，对教师们来说，是一个非常艰巨同时又非常高尚的任务。

论家长的教育学素养

① 语言的魅力

无论我们的学前教育机构有多么出色，它们都无法代替父母在培养幼儿智慧和思想方面最主要的"行家"地位。在与父母和其他家人的相处中，儿童走进了长辈成熟和智慧的世界，儿童思维发展的基础就是家庭生活，任何人都无法代替父母和其他家人的这种作用。学者们在托儿所、幼儿园的观察证明：同一年龄段（例如三四岁）的幼儿，如果长期只有孩子之间的交往而没有受到年长者的精神影响，他们的思维发展就会迟缓。最适合儿童思维发展的环境应当是每天都能和父亲、母亲、爷爷、奶奶、哥哥、姐姐接触的环境。当然，学前教育机构对幼儿的巨大影响是存在的，我并不能否认它。但是学前教育机构还承担不了为儿童全面发展，包括智慧发展操心的责任。

教育年轻一代是公民的首要社会责任。在我们这个时代，影响公民履行这一职责的重要因素之一就是全体居民，特别是家长的教育学素养。因此，家长的教育学素养，尤其是影响儿童思维全面发展的那些方面的素养必须要得到提高。我们学校的全体教师都有一个共识，那就是对于教师和家长来说，很难找到比帮助儿童形成和发展思维更为重要的事情了。家长也同意这样的观点，以至于有些孩子还没有上学的家长都来我们的家长学校学习。确实是这样。比方说，一个孩子入学时思维缓慢，理解力和记性都差；而另一个孩子入学时却很机灵，观察力敏锐，悟性高，记忆力也好。造成这种差异的原因在哪里呢？帮助家长找到答案，提高修养，就是我们的教师需要做的。讲座是提高家长教育学修养的主要形式。家长学校的每一次讲座都会结合生动的、令人信服的范例讲解一个专题，例如儿童的解剖生理特点、儿童的神经系统、儿童的身心发展、儿童的精神世界，等等。

让家长清楚自己在儿童精神发展中的重要责任，是我们一直以来努力的目标。我记得，为了让家长清楚环境对儿童智慧形成的影响，在一次课上我对他们讲了几百年前印度国王阿克巴尔的故事。

阿克巴尔听哲人说，无论儿童处于什么环境，即使没有人教，印度人的儿子都会说印度语，中国人的儿子都会说中国语。他想检验一下哲人的话是否可以当真。遵照国王的命令，来自三十个民族的婴儿被安置在了一个与外界完全隔绝的屋子里。照料他们的是几个没有舌头的仆人，一个不准说话的太监负责把食物从小窗口递进来。钥匙被国王挂在自己胸前，谁也不准出入这个屋子。于是，在这样一个没有任何人说话的环境里，孩子们慢慢长大。

七年转瞬即逝。有一天，在哲人的陪同下，国王打开了房门，他听到了一片含混不清的嚎叫，那些嚎叫绝不是人的语言。面对此情此景，"最聪明"的哲人丢尽了脸。

从科学的角度看，这个试验（如果这种灭绝人性的行为也能称作试验的话）是严密的。像很多人一样，阿克巴尔证明了人的环境在生命早期对于儿童的重要性。如今大家都知道，世界上有几十个被野兽养大的孩子。在婴儿时期，这些孩子不幸落入兽群，和它们一起生活。若干年后，由于偶然的机会，这些"野"孩子得以重新回归人类。为了让他们能够早日回到人的社会，学者们用了许多年来帮助这些孩子，教他们说话。但不幸的是，学者们的希望落空了，没有一个孩子真正成为人类社会的一员。造成这一结果的原因在于这些孩子在心理发展最关键的时期缺失了人的环境。儿童发展最关键的时期是2—7岁，在此期间，很多知识、技能和习惯可以被儿童在不知不觉中从周围世界里获得，它们形成了儿童心理发展的基础。在这个时期儿童还能形成一些心理能力，譬如思维、语言、情感，以及对周围世界的态度。不断涌来的各种信息会大大刺激他们的求知欲望，使它变得越来越强烈。长大以后，这种求知欲望就演变为他们对知识进行理性思考的强烈爱好。

而在野兽群中度过心理发展敏感期的孩子，大脑半球的皮层细胞始终处于最原始的状态，即使以后回到人类社会，也不会改变。

家长要想谈得上有教育学修养，就不能缺乏上面说的这些知识和其他许多知识。但是，尽管如此，别人仍然无法代替父亲和母亲的教育者身份。我曾经对未来学生的父母说过这样的话：

> 婴幼儿时期成人对孩子智力的投入决定了孩子是不是聪明、机灵，以及入学时有多高的发展水平。即使是最能干、最有经验的教师也无力改变家长对孩子的教育漠不关心造成的后果。因此，在你们生下了孩子之后，请记住，当他能用自己的眼睛看到五光十色的花朵或玩具，能用自己的耳朵听到树叶的沙沙声和蜜蜂的嗡嗡声时，你们就要开始培养他们的智慧。

在培养家长的教育学素养时，我们努力保证教育的系统性和连续性。我们一直都强调：孩子的作息制度要有利于他的身体健康，孩子要参加多种多样的游戏活动。我们还提醒家长关注孩子精神的发展。对于怎样发展儿童的感觉和知觉，我们提出了具体的建议。我特别强调，培养个人精神财富的主要基础之一就是感觉和知觉。儿童透过感觉——通向外部世界的窗口，来观察外面的世界。因此，我们要使儿童的这个窗口永远清洁、明亮、通透。

在儿童的感性认识中起着重要作用的是情绪记忆。很多事实证明，幼时使儿童产生过深刻情绪体验的事物，会给儿童留下妙不可言的印象，令他终生不忘。那些入学时机灵、好学的孩子，记忆里会储存许多关于世界的感性映像。鉴于教育别人和教育自己总是联系在一起的，所以，在提高家长教育学素养的同时，不要忘记不断完善我们自己。一年级的小学生尤里·姆给大家讲了一个春天的故事。在他的描述中，有早春的清泉、地面上被屋顶融化的雪水滴穿的厚厚的雪毯……他的鲜明、生动的故事让我深受感动。我再一次深深地感受到，利用一切机会带孩子走进美丽的大自然是一件多么重要的事情！一定要让我们的孩子看一看鲜花是怎样开放的，蜜蜂是怎样采蜜的，看一看天空中纷纷扬扬的雪花有多精美，仿佛是由神话中的能工巧匠精心制成的。还要让我们的孩子看一看远处晨雾中耸立的城市和村庄，人欢马叫、洋溢着丰收喜悦的金色麦田……

很大程度上，决定着儿童的智慧发展水平和学习成绩的是观察力、注意力、求知欲这些心理素质。我们通过对学龄前儿童多年的观察得出了这样的结论：孩子的求知欲和观察力是在幼儿时期由成年人培养出来的，而不是天生的。

同样地，带有强烈情绪色彩的感性认识也是儿童语言发展的基础。

不知道有没有人曾经见到过这样的学生，都读到二三年级了，"黎明"这个词还不能激起他任何的表象和感觉。我曾见到过这样的学生，并且感到非常遗憾。为什么会这样呢？因为他只在书上看到过这个词，而且是从书本硬塞进脑子的。现实生活中黑夜是怎样逝去的，白昼是怎样来临的，他根本都没有注意过。像这样的儿童智力发展的特点是思维不清晰、言语不准确、笨口拙舌。没有什么鲜明的映像铭刻在他们一至七岁的记忆里，进入他们意识的词就像转瞬即逝的暗淡火星，任何痕迹都没有留下。

为什么有的孩子记忆力很强，而有的孩子就像人们常说的那样"一只耳朵进，另一只耳朵出"？大概我们每一个教师都不得不去思考这个问题。通过对学龄前儿童的智力发展的观察，我们发现了一个很重要的规律，那就是，在很大程度上，影响甚至决定小学生记忆力强弱的是幼儿时期进入儿童意识的词汇是否鲜明，是否带有强烈的情绪色彩。

2 学龄前儿童的五百项发现

我给学生们讲述春天森林中的生命是怎样复苏的。为了让学生们的脑海中出现一幅美丽的画面，我是这样描述的：雪花莲稚嫩的小茎钻出多年积下的层层落叶，开着浅色小花的风铃草惊奇地望着已经解冻的蓝色湖面……这时我看见，一些学生因为兴奋而两眼放光，他们刨根问底，并且按捺不住，也抢着讲了起来，和我一起继续描绘这幅美丽的图画；尽管另外一些学生也在注意听，但是他们两眼无光，神情淡漠，我的话并没有让他们的内心产生波澜。教这样的孩子是很困难的，他们听讲很吃力，为了让他们记住我的讲解，我得费很大的劲。记忆力、求知欲和观察力赖以发展的基础是鲜明、深刻的表象，但是他们的情绪记忆中没有这样的表象。

　　我在为未来学生的家长讲课时讲了这一切。我和家长们一起分析，看看在我们周围有哪些能够用来激发和丰富孩子语言情感色彩的事物。啊，终于有了！有一片橡树林长在离镇子不远的地方，林子里有几处很凉的森林清泉，还有一块很特别的空地：二月虽然寒风料峭，但是被阳光照暖的土地已经开始苏醒，雪堆之间的雪花莲也正在返青。橡树林里还有一块草地，我们通常把它叫作"铃兰波良拉"①。教师经常带孩子们来这里，除了教他们观察自然，还教他们思考。橡树林里有几棵直到春天都不会落叶的橡树。整个冬季它们都挺立在皑皑白雪之中，满树的叶子色彩斑斓，有些深红，有些金黄，有些橘黄，仿佛是被魔术师刻意装扮出来的。林中有个偏僻的角落，很久

---

　　① 铃兰，一种多年生草本植物；波良拉，俄文音译，意思是林中空地。——译者注

以前就有狐狸在那里筑起自己的小窝……而这边，是灌木丛生的峡谷。一眼看去，峡谷里面好像没有什么东西能使人感兴趣，但是只要仔细瞧瞧，就会发现有许多引人入胜的去处和能给我们的语言增添色彩的生动事物隐藏在里面。谷底的一道清泉，一年四季静静流淌，即使是在寒冬腊月也不结冰。丁香遍布原野。就是在校园里，我们的孩子也能经常看到本地少见的那些树木——松树、云杉和花楸。"带领你的孩子到大自然中去吧，在大自然里，孩子的情感能得到激发，他的语言也会因此变得生动、丰富！去吧，让你的孩子去发现问题吧！尽可能多地发现问题吧！"我们相信家长的教育才干，许多家长简直就是教育孩子的天才。要想使人民教育学的"湖水"永不干涸，我们就需要去发掘和利用它的源泉——父母的语言和生活智慧。要想使枯燥的教育学理论变得生机勃勃，我们就需要走进这个源泉，并给它注入科学知识的养料。

把年长一辈充满父母之爱的生活智慧传递给幼小的孩子，在生活中，这样的过程是自然地进行的，而且不可代替，也不能刻意创造。我们看到，在人们不得不对教育失败的事例进行剖析时（很遗憾，生活中这样的事例并不少见），家庭应该为孩子创造良好的发展环境这个道理就更加使人信服。

从孩子五岁起，我们学校就开始对他们进行系统的教育。每周一至两次，孩子们必须在规定的时间里来学校，由他们未来的一年级老师负责对他们进行教育，主要目的是发展他们的思维。如果天气好，那么森林、果园、田野都会有孩子们的身影。正如我们告诫家长的那样，那些能够丰富他们的语言，能给他们的思维以活力的各种地方，孩子们都应该去看看。

在和大自然接触时，那些乍一看相互没有什么联系，但是实际上具有密切联系的事物，是我们要重点引导孩子们去发现和领悟的。在我们看来，发展观察力和求知欲有特别的意义，因为儿童思维发展的重要前提就是他们的观察力和求知欲得到发展。

在教师的指导下，每一次与自然接触，孩子们都会有独特的发现。自然界中不引人注目、不易被察觉的奥秘之处都会被他们的思维触及。一年之中孩子们会有五百个以上的"新发现"。下面请看看孩子们的"新发现"：我们周围的一切，要么有生命，要么没有生命；生命不可缺少的条件包括水，以及太阳的光与热；植物从种子来，种子是活的，它会成熟，延续后代是植物结果实的目的；水有三种形态，包括水、冰和水蒸气；如果人给土地施肥，植物就会长得茂盛；黑土在地球的表层，它是植物生活的环境。这每一个"新发现"，都得益于生动、鲜明的感性形象。正是在不断发现的过程中，孩子们的语言越来越生动，越来越富有感情，对事物的初步概念也逐步形成，比如生物和非生物的概念。

在这期间，一些孩子智力发展的异常情况（在这个年龄不太明显，往后会越来越明显）也被我们察觉。如果发现了自然的奥秘，大多数孩子都会深感惊奇，而这些孩子却神情漠然。可是，给思维提供动力的恰恰是惊奇和诧异。

深入调查了这些孩子的家庭后我们发现，造成他们智力不佳的主要原因是病弱、感性认识贫乏、缺少能够影响儿童情感的鲜明表象。弄清孩子的智力缺陷后，我们开始进行深入的个别教育。个别教育的目的是，首先使孩子的感性认识积极起来，在这个基础上培养他们语言的感情色彩。我们坦率地告诉这些孩子的父母：如果父母做不到每天坚持对孩子进行系统训练，那么他们的孩子在上学时智力发展会很差，学习成绩也会很差。

更系统的教育应该在孩子六至七岁时进行。为了发展思维，和头一年一样，我们也组织孩子们走进大自然；此外我们还教孩子们阅读，通过把游戏和阅读紧密结合的方式来进行教育。如此，孩子们在入学时就已经掌握了初步的阅读技巧，那么内容丰富的发展学生思维的工作就更容易在学龄时期进行下去。

小心，你的面前是孩子

真正的思想教育，决不能只靠动听的言辞来让孩子树立这些信念，而是应该引导孩子用正确思想指导自己的行为。

怎样使用父母的权威

有些家长对自己不到上学年龄的孩子采取了完全放任的态度。这是因为这些家长认为孩子之所以不听话，是因为他还小，意识水平还没有发展到这一步。等他长大了，就会懂得该听父母的话，到那个时候再教育他也不迟。

彼得·阿法纳西耶维奇一家住在我们工人住宅区里，他们家有三个孩子，一个小男孩，两个小姑娘。由于生活富裕，父母从不拒绝孩子们的要求，尤其是对儿子。在上学以前，儿子维佳就养成了任性胡闹的坏习惯。吃饭时，看见妈妈给他往小孩子用的小盘里盛菜汤，他就闹了起来：

"为什么倒在这个盘子里，我要那个大盘子！"

无奈之下，妈妈把小盘子里的汤换到大盘子里。

"但愿他长大了能变得听话一些。"

每当儿子提出新的无理要求时，妈妈就这样说，爸爸心里也是这样想的。

维佳把爸爸妈妈给他买的儿童读物一页一页撕下，折成纸鸽子或者纸飞机。这个男孩用自己的法宝——大哭大闹，来应对制止他的父亲。于是母亲出面了，当着儿子的面对父亲说：

"既然是他自己喜欢的事情，为什么现在要禁止他做呢？等他上学了，就会懂得爱惜书本的。"

上了小学的维佳，每次上学时总是慌慌张张，不是把书落在家里，就是忘记带作业本，迟到更是常有的事。虽然父亲说应该在上课前两小时叫醒他，但是因为母亲心疼儿子，所以父亲的建议从来没有被实施过。休息日，维佳会在床上一直躺到中午十一点。他懒洋洋地躺在被窝里，听着父亲责怪母亲对自己的放纵。维佳很清楚，父亲最终会向母亲让步，而母亲始终迁就自己，所以父亲的话对他从来都不起作用。当孩子发现父亲、母亲经常对他提出相反的要求时，他就会先想一想：谁的话可以不听，谁可以保护自己。结果当然是谁的命令符合自己的心愿，他就听谁的。

正如我们所看到的那样，在彼得·阿法纳西耶维奇家，父母没有从小培养孩子听从教导的习惯。维佳的父母知道自己有教育儿子的权利，如果使用这个权利，就能不费力气地管教好儿子。但是他们总以为儿子大一点后自然会服从父母的管教，在这之前不应该向他提出这个要求，所以这个权利被他们有意放弃了。这说明他们不明白培养孩子纪律性的意义和方法，忘记了自己作为家长应有的权利和义务。

法律在赋予家长教育子女的责任的同时，也赋予了家长相应的权利。因为家长承担着为国教子的责任，所以家长应该树立权威，家长必须享有一定的权利。

一些家长还有着这样一种错误的观点：应该在孩子明白了必须听话的道理以后，再要求他照着做。然而事实恰恰相反，孩子是先养成听话的习惯，然后这种习惯反映在他的意识里，他才慢慢明白了必须听话的道理。孩子之所以会养成胡作非为的习惯，是因为他的任性行为从没有受到制止。久而久之，胡作非为反而成了理所当然的事情。

远在孩子能听懂道理之前，孩子就已经开始了生活。因此，为了更好地管教孩子，父母应把讲道理和培养孩子服从、听话的习惯紧密结合起来。首先，孩子应该从实际生活中获得听话和服从的经验。当然，对一个三岁的孩子讲清楚为什么他应该比成人早睡觉的道理是完全不需要的。所以，也不是任何时候和任何要求，都能够或者都有必要对孩子讲清道理的。

只有父母提出的要求是为了更好地培养公民时，父母才能正确使用自己的权利。首先，父母提出的要求应该是合乎情理的。等到这些要求的必要性被长大后的孩子理解了的时候，他们就会感激父母帮自己养成了好的习惯。另外，在孩子看来，必须无条件执行的，应该只有父母意见一致的要求。如果父母的要求在相互争吵中产生，尤其是当着孩子的面，那么命令也好，禁止也好，无论是否合理，都丧失了权威，孩子会认为这种要求是可以不执行的。

有些家长错误地认为自己的权利主要表现为禁止。过多的禁止只会束缚孩子，使他们变得胆小、消极、没有活力。提醒孩子去做大人规定的积极的事情，才是更为重要的家长权利的表现。

多年来，我们一直在观察集体农庄生产队队长依万·依万诺维奇家教育孩子的方式。他们夫妇二人有五个孩子需要教育，其中两个正在上大学，三个还在我们学校学习。无论在家还是在学校，他们的孩子都有着很好的表现。他们教育成功的奥秘是什么呢？首先，他们对孩子提出要求时，总能做到夫妇二人坚决一致。其次，这些要求很少是禁止，更多的是鼓励。他们有意识地努力使自己的命令从"应该"开始，而尽量避免使用"不能"这个词。

一般来说，"禁止"只出现在孩子已经做错某件事的时候。依万·依万诺维奇家成功地做到了一点——为避免或尽量减少禁止的需要，应该防止孩子积累消极的经验。所以，他们总是一次就教会孩子正确的行为。父母权利的主要体现是鼓励、指导和培养孩子的良好行为，而不是经常性的制止和纠正。这样，即使有时父母不得不禁止些什么，也很容易被孩子理解和采纳。如果孩子平日养成的都是一些好的习惯，那么他正确地做事情，当然比犯错误要容易得多，这是一个很自然的道理。依万夫妇很清楚，夫妇间的任何分歧和冲突，都会导致孩子先产生心灵上的困惑，进而产生行动上的违抗。因此，他们总是相互让步，避免争吵，在同一件事情上，他们从来不提两种对立的要求。

必要的时候，他们甚至会向孩子让步。他们也从来不抱怨孩子任性。

让孩子严格要求自己并不意味着要求他盲从，家长要善于摸透孩子的思想和感情。在孩子的愿望非常强烈，并且简单的禁止可能会使他感到极大痛苦的情况下，允许他做一些不完全符合父母的意愿的事情也未尝不可。让孩子从实践中认识到自己的错误，这是一种非常有益的教育方式。

依万家里曾经发生过一件非常有趣的事情，下面我们就来说一说。依万家十二岁的儿子格里沙性格有些内向，他有一些不想让兄弟姐妹知道的小秘密。有一次，父母发现格里沙和他的伙伴们经常到荒地里的一座废弃的旧棚子里去，而且总是避开别人。"他们去那干什么？"尽管父母很是疑惑，也没有出面禁止。他们知道，如果发生什么严重的事情，孩子自己就会来找他们。确实如他们所料：一天，格里沙向正准备下地的父亲走来，请求道：

"我今天打算在荒地里的旧棚子里过夜，请您允许。"

"为什么？"父亲惊奇地问。

据儿子的解释，他和伙伴们在玩"游击队"的游戏，"游击队"的"司令部"就设置在荒地里的旧棚子里，今晚所有的"指挥员"都必须待在"司令部"里。父亲感受到小男孩对这一游戏是那么地迷恋，把自己"指挥员"的责任看得那么重大。即使父亲不是很喜欢这个游戏，但他也明白，用坚决禁止的方法破坏这种感情是愚蠢的。而且格里沙并没有自作主张，而是诚实地揭开了自己的秘密，向父亲提出请求，儿子对自己父亲的信任和尊重程度可见一斑。这是一个不可忽略的事实。父亲也考虑到了其他情况，他确信孩子的健康并不会被一个不眠之夜影响。"让他去吧！他们的游戏是否过分，就让事实来证明吧！"父亲做出了决定。不出父亲所料，夜间游戏遇到的麻烦远超出孩子们的想象。他们困得要命，恨不得一头栽倒在床上，于是很快就散伙，各回各家。经此一事，过火的举动再也没有出现在孩子们的游戏里，格里沙也更加信赖父亲了。

从这件事情中，你明白了什么？这件事情说明了父母应当非常谨慎地使用手中的权利。每个做家长的都应该清楚地知道：他的直接权利的边界在哪里，他特别关注，但又不能贸然闯入的孩子隐秘世界的疆界又在哪里。家长还应该了解孩子的内心世界。每个小男孩、小女孩都可能有自己小小的隐私，它们大多与游戏、同伴、友谊之类的事情有关。如果想让孩子越来越信任成人、对成人坦诚，想让孩子的秘密越来越少，那么成人也必须尽量少地干涉这些事情。孩子孤僻冷漠的性格的形成，很可能就是因为成人贸然闯入孩子的内心世界。孩子与同伴的关系和友谊，尤其不能被简单粗暴地干预。父母的职责是很有分寸地指导孩子怎样建立友谊，而不是"禁止"或"允许"友谊，所以有些家长明确规定怎样的孩子可以与他们的孩子交朋友，怎样的孩子不行，这是非常错误的。儿童也许会在无意中把自己的秘密泄露给父母，这是因为他们尚且天真无邪。到了青少年时期，他们在敞开自己个人世界方面就显得沉稳多了；而且当父母有刺探和干涉自己个人世界的企图的时候，他们也能非常敏感地意识到。所以说，孩子越大，他的个人世界越宽广，父母能够直接干预的范围就越小。

相信大部分父母都希望，无论孩子长得多大，他们都不会和自己疏远，要实现这一点，父母需要更加尊重青少年的个性，承认并且尊重他们保护自己隐私的权利。总而言之，父母从根本上改变自己的态度的时候到了。

孩子们的精神依赖是怎样产生的

无论是写文章还是发表讲话，每当追究起谁应该对少年犯罪负主要责任时，人们总是首先想到学校。

然而却很少有人去思考这样一些重要的问题：这些违法少年是什么人？他们来自何种家庭？其中有多少人是在没有父亲的情况下长大的？又有多少人失去了母亲？他们的文化程度怎么样？

教育科学院常常被文学家们指责，他们说，那里的学者没有利用自己优越的条件好好研究难教少年的问题。他们还提到了教育科学院拥有几十万名教师的经验，还有许多高速运作、能快速处理许多资料的电脑……

教育学的理论，连同它的实践都受到了责难。

全国性的统计资料我还没有掌握，所以只能根据我熟悉的资料谈谈自己的看法。

在我三十年的教育生涯中，有几千名孩子是我亲眼看着长大成人，结婚生子的。然后他们又把自己的孩子送到我们这里。在几十年的教育工作中，我和二百七十名难教少年打过交道，他们有一个共同的特点：他们的心灵都曾受过家庭创伤。

许多不该在童年时期知道的事情，他们早就知道了，也因为如此，他们不再信任他人所说的任何高尚、圣洁的东西。其中由单身母亲带大的孩子，有一百八十九人；家庭破裂的有七十七人；剩下的四个既有母亲，也有父亲，乍一看，似乎有个正常的家，但是如果这些家庭的内情被人们知道了，我相信谁都会为他们伤心和担忧。

　　这好像已经不是谈经验，而是在罗列数据了。我为每一个难教少年都建了卡片，我把我认为了解一个人必须掌握的全部资料都记载在了卡片上。我能从这三十年来积累的这些资料中得到些什么呢？首先，我从中得知了那些没有父亲、没有享受过美好家庭生活的孩子最容易成为难教的儿童和少年。从懂事的那一天起，这些孩子听到的就是母亲抱怨的话："你是我的报应，你出生的日子真该受到诅咒！"这些话就像针一样刺痛他们的心。于是他们觉得自己的出生在父母意料之外，自己是偶然来到这个世界的，自己是上天对母亲错误的报复，从小他们就受这种想法折磨。一个没有父亲、时时都感觉自己不被需要的儿童，很难用语言表达心中的伤痛。

　　我慢慢翻着已经发黄的记事簿，仿佛看到这些儿童、少年一个一个走到我的面前：瞪着愤恨的眼睛，对教师发着脾气；听着教师温存的话语，他们浑身不自在；时时处处想着法子和教师对着干……

　　人道、热诚、同情、助人为乐这些能够抵制丑恶和罪行的道德力量，只有那些幼时经受过善良、真诚的熏陶，体验过人与人之间美好情意的人才能够获得。能够让孩子拥有这些道德力量的"学校"，其实就是和美的家庭，父亲母亲紧紧相连的两颗相爱的心就是他们学习的榜样。

就像火只能用火来点燃一样，对人的爱，只能用爱来培养。

我想起了十二岁的科利亚。有一次我给孩子们讲卓娅·科斯莫杰米扬斯卡娅[①]的英雄事迹，科利亚两眼透着恶意，说道："我不相信这是真的。"

"你有什么依据吗？"

"因为世界上没有真话，真话都是书上编出来的，所有人都在骗人。"科利亚好像背着很重的东西，一边喘息，一边低声说。

得经受多大的痛苦，才会让小小的人儿对真理、善良、人性如此的失望啊！这个男孩曾经生活在一个令人胆战心惊的环境里，谎言、虚伪和欺诈充斥在他的周围。这一切的根源在于他的母亲。他的母亲曾经三次被欺骗，为三个男人生了三个儿子，却没有一个男人成为她的丈夫。"别相信任何人，别相信任何事。谁会骗，谁就能赢。所以只要能骗就去骗。"母亲每天都对她的孩子们说这些话，并且亲自教孩子们欺骗、伪善、偷窃。

考虑到我们学校每个班都有这样一些孩子，你要是对他们提出有关父亲的任何问题，就等于往他们的伤口上撒盐，所以我们取消了班级日志上记载父亲姓名的那一栏。我们也从来不

[①] 卓娅·科斯莫杰米扬斯卡娅，苏联卫国战争时期的女游击队员，在一次执行任务时被捕，受尽折磨，英勇不屈，牺牲时年仅十八岁，是首位获得"苏联英雄"称号的苏联女性。——译者注

向学生打听他们的父亲，而是通过其他途径了解他们父亲的情况，因为这是重要的教育资料。

这样的孩子在我国有多少呢？由于在出生证上用空格线代替父亲的名字（这种情况已经有十多年了）违背了正确的道德观念和我们的道德标准，所以社会人士一直要求废止这一规定。

民警中校弗·奇诺夫与《文学报》特派记者的一次非常有趣的对话被刊登在了最近一期《文学报》上。这位经验丰富的中校善于分析犯罪分子细微的心理活动。在他看来，犯罪者的个人过失是目前犯罪的主要根源。不错，在任何环境中，人都应该坚持做一个好人，个人的罪过不应该因为对环境的任何抱怨而减轻。但是把少年犯罪的主要根源放在个人过失上，这种论断也是不全面的。如果把犯罪看作是一种有深刻社会根源的现象，那么另一种见解就会出现了。既然我们的社会还存在犯罪现象，这就意味着，问题出在了一些人的社会、道德、精神和审美关系上。

那些指责学校首先要对一切道德败坏负责的议论，我们已经听得够多了。这种议论混淆了舆论，使家长产生了错觉。因此，许多家长推论：既然全部过错都归因于学校，那就说明了所有的道德教育任务原本都是可以在学校完成的；既然所有的或者几乎所有的问题都可以被学校解决，那么，只要学校尽心去做，就会万事大吉；既然有了学校就能万事大吉，那么家庭在孩子的教育中就起不了大作用。事实上，有一些家长确实就是这么想的。

这种想法带来的严重后果可想而知，而且这种后果已经产生了。很多家长，尤其是年轻的家长，都有这样一个坚定的信念：他们的任务是生孩子，教育的事情就让社会去操心吧。事实上，现在人们所说的社会教育，只是指学校教育。在很多人的观念里，正在成长的年轻一代才是社会关心的，家庭并不包括在内。但他们没有意识到，实际情况是家庭是否稳固的问题是一个最重要的社会问题。这个问题解决得好不好，在很大程度上影响着青少年的道德面貌。教育好自己的孩子，是每一个人都应该深刻认识到的、自己对社会的责任，是每一个人都应该懂得的、人最重要的社会责任。儿童最初的也是最主要的教师就是父母。教育学应该成为人人掌握的科学，在中学的时候，我们就应该把教育学知识教给未来的父亲、母亲。可能有些人会认为我在夸大其词并批评我。但我确实认为，如果不学习教育学的基本知识，年轻人就没有权利组织家庭。

社会教育，是由家庭和社会共同做的教育。具有崇高意义的创造，应该是从精神上塑造人，在自己子女身上再现自己、完善自己。

我认为，为了明确规定父母教育子女的责任，应该通过一项法律。根据这一法律，在没有正当理由的前提下，父母无权把孩子交给其他任何人教育。如果父母硬要放弃自己的权利和责任，这就表明他们的道德是不健全的，他们的孩子就应该被送到儿童之家①，交给社会教育。

---

① 儿童之家，苏联政府收养孤儿以及父母失去教育资格的儿童的养育机构。——译者注

近年来由于对社会教育错误、片面的认识，在青少年中形成了一种仰赖别人、坐享其成的风气。而且学校的教育工作也被这种风气严重入侵，甚至少先队和共青团的组织生活也被它渗透。

在《犯罪现象和对罪犯的惩治》一文中，弗·奇诺夫谈到过青少年中存在的"精神依赖"现象，深入考察这种现象产生的原因，是一件很有意义的事情。

夏天刚到，共青团区委会就不让人安宁了：喂！你们这些教师想过没有，为了高年级学生能过好暑假，你们应该做些什么呢？于是那些五十岁的教师在本应该休息的假期里，还得跑到夏令营去工作。名为"青年劳动、休息独立夏令营"，实际上这些学生干的活儿少得像鸽子嘴里的食。空闲时间太多了，于是为了使夏令营有一点文化休闲的样子，就要求教师为这些"独立"青年服务。

然而，有一位校长却下决心不这样做。整个夏天，十七岁的高年级小伙子们被他派到拖拉机队和大田组劳动。小伙子们去了都觉得自己是真正在工作。但是，共青团区委会却有了意见：没有教师，没有墙报，也没有人组织他们出早操，这像什么样子！

让少年和青年坐享其成，经过锻炼的共产主义战士和坚强、勇敢的人还怎么能够培养出来呢？不久以前，我们区的一个镇子里发生了一件近似笑话的事情。集体农庄俱乐部有个排球场，架球网的两根柱子因为腐烂而倒了下来。于是几个二十来岁的小伙子就给区里的报纸写了一篇读者来信，抱怨说："这也太不像话了！对我们年轻人也太不关心了吧！"党书记在收到区报转来的文章后，为了息事宁人，找来几名老工人，让他们在身强力壮的年轻人面前搬走倒在地上的旧柱子，再埋上两根新的。事成之后，党书记向区里回了个公文："已经采取措施。"

这样的人确实存在着，他们真心以为多建一些运动场和跳舞场，多放一些台球桌，就能减少青少年犯罪。这简直是天真的、孩子式的幻想！运动场、跳舞场和台球桌的数量并不能决定道德的坚定性和对邪恶的抵御能力。个人的高尚的生活目标和丰富的精神需要是每个青年都应该具有的，读书应该成为他们主要的精神需要。为什么这个少年天天晚上无事可干，要到处寻找消磨时光的地方？为什么我们要想方设法帮助他打发日子？为什么他从小就心安理得地要我们为他忙碌，要我们讨好他，要我们大小事情都替他想好、做好？这是因为他的心灵已经被仰赖别人、坐享其成的思想侵蚀了。他认为有人为我安排好一切、有人成天围着我转是理所应当的。为什么这个少年每天都要到外面游逛，或者去文化宫，或者去咖啡馆，或者去台球室，就是不愿意坐在家里读读书？为什么他愿意去任何地方却不愿意留在家里？为什么他不挽着母亲的手，和母亲一起去剧院或者俱乐部？所有这些后果都是教育不当造成的——学校教育、社会教育，当然也包括家庭教育。

在我们的日常生活中，在各种机构、团体组织的活动中，都会发生不少失误和过错。学校不能为所有的问题背黑锅。

难教的孩子

啊，难教的孩子！他们给教师、家长以及整个社会带来多么沉重的思索，带来多少焦虑和痛苦哇！有一种见解在不久前十分时髦：没有教不好的孩子，只有不会教的教师。于是，为了保险起见，"难教"这个词被人们放在了引号里，人们以为这样就能万无一失。然而事情远远没有这么简单……

难道回避了"难教"二字就真的能使学校、家长，乃至社会轻松起来吗？实际上，确实存在难教的孩子，走到哪里都躲不开。千差万别的原因使得一些孩子在智力、情绪、道德方面出现了异常甚至畸形的发展。

在长达三十年的教育工作中，我有机会调查、研究了七十多个难教的孩子。他们每一个人的个性里都有自己特有而又深藏不露的东西。除此之外，他们的个性也都有自己的根源，都有一个循序渐进的形成过程。

在我们学校，大概不止这一位教师在为这种情景犯愁：全班同学都在注意听讲，按照老师的讲解思路，他们很快就能解答习题，而别佳却什么也没有弄明白。看来，在每所学校都有几个成绩总是不好，最后只能留级的孩子。但是造成他们落后的原因却千差万别。这些孩子的身上被牢牢地贴上了"难教"的标签。校长指责教师不会教，教师辩解时就归因于孩子不听讲、坐不住、偷懒。

为了帮助别佳改掉这些坏毛病，课上教师把他盯得紧紧的，课后还要把他留下来补课。尽管如此，别佳的成绩也没有提升。他厌烦学习，逐渐学会了欺骗，不仅骗教师，也骗家长；还学会了抄作业，哪怕他自己会做，也要抄别人的。

于是别佳真成了一个懒汉。这样他还不满足，有时候他还要使坏。他想方设法要让老师伤心、难受，若是老师遇到什么不痛快的事情，他就幸灾乐祸。记得有一次玛丽娅·彼得罗夫娜在四年级上算术公开课，面对众多同行，她想要展示一下全班学生的积极性，于是她向每一个学生提问，不漏过任何一个学生。轮到别佳，她提了一个非常简单的问题：

"说说看，把十平分为两份，得几？"

别佳早已被他在数学课上得到的无数个两分弄得恼怒不堪，他决心报复一下教师。

"二！"他毫不犹豫地回答。

教师强压怒火，温和地说：

"瞧你，别佳，这是在上课，不是在做游戏。你再想想，如果把十分成两等份，得到几？"

"二乘二得四。"别佳的回答引起了一阵哄笑……

智力发展的轻微损伤，有可能逐渐以道德问题的形式显现出来。我们有太多这样难教的孩子，因为他们的存在，家长和教师多了多少麻烦！但是，亲爱的成年同志们，请你们想象一下：如果你处在别佳的位置，你每天都会听到"你什么也不行""你是个后进生""别人都能做的事情你怎么就不会"之类的丧气话，你会是什么样的心情？

有一次基洛夫格勒州儿童收容所的负责人对我说："我们收到过一份鉴定，是一位校长为他出走四次的学生写的。您能想象这位校长写了些什么吗？——'这已经是该生在四年级蹲班的第三年了，他在三年级还留过两次级。该生厚颜无耻，对待教师粗野无理。教师呵斥他，他就辱骂教师。您觉得学校还能留下这样的无赖吗？'"

我真想在这份鉴定上添上几笔，再把它送还给这位校长："要是让您在一个年级蹲上三年，您就不只会辱骂教师，还会像狼一样嗥叫了。"

不研究孩子变得难教的原因，是教师和校长一个很大的失误。医生着手为病人治疗前，一定要为病人仔细检查身体，努力寻找并确定病因。我们不能想象一位讲人道的医生会对病人说："您真的病得很重，我治不好您了。"但是，我们却有多少教师每天都在让孩子感到自己没有希望，而且还常常残酷地以直截了当的方式告诉他。即使是真正低能的孩子，也要让他感觉不到自己的残缺，也要让他享受到做一个高尚的人的快乐，享受到知识的快乐，享受到智慧、劳动和创造的快乐！这才是教育真正的意义所在。一个真正的教师，应该像医生对待病人那样，仔细、耐心、深入地研究孩子们以及他们在智慧、情感、道德方面的发展。

经过多年的教育工作实践和对儿童智力劳动以及多方面精神生活的研究，我的脑海中产生了一个坚定的信念：造成儿童变得难教、成绩不良、落后的根本原因在教育，在他幼年时期所处的环境——也就是说，儿童在一至七岁期间没有获得对于思维发展来说至关重要的某种东西。

几乎用尽了自己全部的智慧力量，但是还是不能掌握深奥难懂的科学知识，这对于那些学习困难的孩子来说，是一个非常令人绝望的现实。如果教师不了解这些，不能给予他们鼓励与帮助，反而一味地加压甚至嘲讽，那么对孩子的伤害就更加严重。

教师、教育工作者、家长等所有和儿童打交道的人，都应该掌握一些科学知识并在实际生活中运用它。科学界已知有三十二个从小被狼、虎、狮子或者其他动物叼走养大的孩子。后来这些"野孩子"回到了人类社会，但是没有一个被成功改造成真正的人。这是多么可悲的事实！这印证了一个重要的科学知识：孩子出世时，他的神经发育的过程还在继续，且这一过程要一直持续到十七八岁甚至更晚一些。神经发育最复杂、最深入的时期就是一至七岁。所以，在孩子从柔弱无能的婴儿变为成人的过程中，最初几年的社会环境起着特别重要的作用。可见，童年期的智力教育有多么重要。

但是，别佳又是怎么一回事呢？别的孩子都能理解并且解答的题目，为什么别佳即使努力了也做不出来呢？难道他的脑子和大家的不一样吗？并非如此。和别的孩子一样，别佳的脑子里也有思维的物质，有许许多多神经细胞。那么，究竟是哪里出了问题？

问题出在别佳早期的生活环境上。别佳早期的生活环境没有提供他大脑发育极为需要的足够的刺激。儿童一出世，就应该不断受到人的影响，这是为了把许多神经细胞发展成有智慧、有求知欲的人的大脑。

思维是从提出"为什么"开始的。许许多多新鲜的事情出现在儿童周围的世界里，儿童看见了并为之惊奇：为什么向着开着花的苹果树飞去的蜜蜂又要飞走，它飞去了哪里？为什么这只鸟儿在树上搭窝，那只鸟儿却在屋檐下筑巢？为什么晚间还是灰蒙蒙的原野到了早上却盖上了一层轻柔的"白色地毯"？又为什么在太阳落山后，天空中闪烁着星星？对于孩子的正常发展而言，永不满足的求知需要和寻根究底的探索精神非常重要，它们并不是天生的，而是从他人那里获得的。孩子的认识兴趣能否越来越大，在周围发现的新东西会不会越来越多，能否感到越来越惊奇、越来越快乐，关键在于我们成年人回答孩子的问题是不是越来越多。

在这一个个问与答的瞬间，孩子大脑里会进行着令人惊奇的过程：思维的发源地和物质基础——大脑紧张地工作，无数个神经细胞进行着最复杂的生化过程，渐渐地，神经元变成了人的思维器官。因为这一次次的过程，神经元摆脱了只能沉睡的状态，发育得以继续，神经系统获得了可塑性和灵活性。如此，心理发展就不会滞留在本能的原始状态。如果不想看到儿童思维发展的大好时机被白白浪费掉，那么就必须引发儿童思考，培养儿童寻根问底的探索精神。

孩子的智慧、思维启蒙得越晚，孩子就越迟钝，越难以教育。非常遗憾，我们的教师往往忘记了这一重要的规律，而这一规律家长一般也不了解。至今仍有不少家长坚持这样一个错误的观点：上学前不需要教孩子什么，就让他的脑子如一块黑板一样干净，最好连一个字母也不要有。于是，面对孩子提出的问题，家长总是给予这样的答案：以后上了学你就知道了。

就这样，孩子的求知欲被扼杀在摇篮里。

那么，别佳又是怎样度过他的童年的呢？别佳的父母忙于工作，把儿子托付给了奶奶照顾。奶奶是个善良的人，尽管她把孩子照顾得很好，但是她也仅能满足孩子吃饭、睡觉、洗澡、换衣这些基本生活需要。从奶奶那里，别佳听不到什么事情。由于奶奶的视力不太好，所以也无法指望她教别佳看些东西。为了别佳的安危，她也不让别佳和周围的孩子们来往。别佳就这样自己玩自己的。在他自娱自乐的过程中，许许多多美好有趣的事情映入他的眼帘：在树干上跳来跳去的啄木鸟；齐心协力工作的黄蜂；枝头上停留着美丽的黄莺的苹果树。有时云雀的歌声也会从湛蓝的天空中传来。无数画面在他身边若隐若现，但是没有在他的意识里留下任何印迹。已经快两岁半的小男孩，连自己身边的许多东西都叫不出名称来。

秋天过去，冬天到来，留给别佳活动的天地就更小了。宽敞温暖的房间里到处铺着地毯，不管别佳怎么走，怎么爬，怎么跳，都不会碰到任何硬的东西，也不会被绊倒。别佳五岁前一直不被奶奶允许和其他孩子到外面玩耍。到了五岁他才被允许出去玩，但他也没能逃脱令人害怕的事情。别佳不懂得什么是游戏。譬如孩子们一起玩捉迷藏时，别佳要是找不到藏起来的小朋友，他就会倒在地上大哭大叫；然而当他找到了一个，又会死死揪住人家的头发，用拳头狠狠地打。

没有孩子愿意再和别佳一起玩耍了，别佳倒也不显得特别难受。他在灌木丛下找个地方坐下，折下一根枝条，无聊地敲打地面；或者换一个花样，揪下灌木的叶子扔在地上。孩子们有了一个惊奇的发现：别佳，这个快六岁的孩子，数数竟然还数不到五！

曾经像植物一样地活着，这就是别佳过去的故事。别佳是智力落后儿童吗？不是，请不要这样认为，他的智力绝对正常，只是发展很弱。能够理解这个事实的，只有那些了解儿童头脑中在发生些什么，知道思维怎样产生，记忆是怎样巩固和发展的人。

如果别佳幸运地遇到一位懂得儿童心理、聪明又负责的教师，结果可能完全不一样。这样一位教师让别佳在小学低年级阶段学习思考。每天他都会陪着自己的学生去田野，去森林，去河边。他仿佛会魔法，大自然的面纱在孩子们面前被他缓缓揭开，他要做的就是唤醒孩子们还在打盹的大脑。于是孩子们开始动起脑筋，他们会问出很多很多问题，通过这一方式，他们逐渐发展和巩固了自己的求知欲。

除了和大家一起上课，从一年级到三年级，都应该有对学习困难儿童的专门教学，以让他们的智力发展渐渐赶上来。在这里，最重要的是，任何时候都不要让孩子对自己失望，不要让孩子觉得自己生来无用，注定会失败。

有些教师和家长存在着一种刻板印象，他们觉得把学习困难的孩子拽上来的方法就是让他们多学多记一些知识，这就大错特错了。不要强迫孩子不停地读书，而要培养孩子的智慧，发展他的智力和能力，教他学会思考，这是教师和家长在任何时候都要记住的。特别要指出的是，对于那些在上一年级以前从早到晚都待在幼儿园的孩子，有个聪明而有知识的教师就显得格外重要。

学习困难的孩子这个话题既大又难，事实上，它是一个最复杂的教育问题。如果没有给予它足够的重视，我们必将付出沉重的代价。

小心，你的面前是孩子

——致《皮鞭教育学》的作者

在读过阿·布连科瓦娅的信后，读者，首先是我们教师自己都会说："嘿，这些只是个别现象，根据这些个别现象可以下结论，提问题吗？让那些不善待儿童的人在信中认识自己，为自己的行为羞愧，这难道还不够吗？"

是的，不够。即使教育中的不文明行为和对儿童命运的冷漠态度只是个别现象，即使我们的学校里有许多善于理解儿童、少年心灵的优秀教师，我们也没有权利放任这些个别现象发生。

"我该怎么办？"忧伤的母亲们不断发问。可这又何尝不是孩子们的哀鸣！对于这些母亲和孩子，我们绝对不能不闻不问，漠然视之。

有些人认为，学校就是一间堆放知识的栈房。在他们眼里，学生每天到学校，为的是从这间栈房里取出一些有价值的东西；谁取的东西少，谁就是差生；至于那些获取知识最少的学生，简直是毫无用处、不可救药。

当一个国家发出"一切为了人"的倡导时，教育的使命就变得复杂得多了，但很多人把这一点抛诸脑后。站在摇篮边的是我们教师，但是人才是最珍贵的。我们被社会托付了它自己最珍贵、最重要的财富，然而我们每时每刻都记住了自己的责任吗？

有一次我去拜访一所刚翻修过校舍的学校。这所学校里的一切看起来都很漂亮：教师办公室、走廊、与体育馆并排的淋浴间……但是，不知哪个孩子把走廊新油漆过的墙裙弄脏了一块，校长、总务主任、值班教师都聚在这里，一点一点擦洗这块污渍。就在这时，无论是校长，还是教师，都没有注意到有两个没去上课的六年级学生正在校门口踢球。一个小时过去了，他们仍然毫无察觉。在教育者眼中，本该最受关注的学生竟然还没有墙裙上的一块污渍有"魅力"，怎么会发生这样的事情呢？

看到有些学校为了赶走一个坏学生，居然那么卖力，那么地机敏、有办法，你真的会感到痛心。那些力量和机智本该发挥在另外的地方。要知道，每一个儿童，毫无例外都是一个完整的世界，等待我们去揭示，去研究，等待我们把它提高到自我意识、自我完善的高度。

什么是教育？从科学的角度来看，可能我的回答并不准确。我认为，不断地提高人就是教育，它做起来很难，但也很快乐，它需要耐心，需要坚持。

教育者有办法让学生珍惜自己的人格和尊严，这是他们真正的本事。一个孩子不懂得尊重自己，就预示着悲剧即将发生。

一封来信中有几行是这么写的：夜里，为了不惊醒母亲，男孩子轻轻地起床，打开练习本，涂改上面的分数。如果他知道为二分害臊，擦去二分，尚且不那么可怕。如果妈妈问放学回来的儿子"今天得了几分"，他能够满不在乎地扔出书包，说："你自己看吧。"那就糟糕了。如果他干脆当着教师的面把本子扯得稀烂，然后对教师说："你就把二分记在我额头上吧。"那就更糟糕了。

我们教师的天职，是千方百计加强人的一种愿望：在集体中长大并且在这个集体中认识了自我的人，是想要做个好人的，同时也希望别人把他看作好人。

"为什么我不能像别人那样把字写得漂亮一些？别人可以轻松地做出算术题，可我怎么就像钻进了迷宫，半天也走不出来？别人都是好孩子，我却是个坏孩子。"这些事情经常让孩子伤心，所以我们也需要理解孩子。今天很糟糕，明天还是会很糟糕……孩子怎么也理解不了，明明自己和别人一样，都背着书包上学，怎么自己就成了坏学生呢？等他习惯了自己和别人不一样，他就会连起初的害羞也没有了。他已经相信好学生不是所有人都能做的，坏学生也总要有一些人来当。于是他的心肠就变得麻木、粗野。我不知道，在学校里还有什么比这更叫人悲哀的事情吗？

孩子的心灵是教育的圣地，应该由智慧、善良来驾驭。如果孩子的心灵遭到精神的皮鞭（阿·布连科瓦娅所说的）的抽打，对孩子的伤害就更大了。

至今仍有一些家长把皮鞭的力量凌驾于说服之上。对他们而言，学校不能像家庭一样充满温情，因为那是让人成才的地方。因此，我们必须不遗余力地揭露《皮鞭教育学》，令它声誉扫地。

阿·布连科瓦娅说得对：我们的悲剧还在于，在这个问题上，一部分教师的理论水平和家长几乎没有差距。

作为一个教师，我当然不能动手打人。但是我会在无意中借父亲的手打孩子，就像一个同谋犯。譬如，我明明知道上帝只教会了瓦尼亚的父亲生孩子，但我还是把他叫到学校，对他说："您的儿子是个不想学习的懒汉。"

不少人自称是知识分子，但这并不妨碍他们坚持认为不用拳头教育孩子，孩子就会变得软弱可欺，就不能适应生活。但是他们却没有认识到那些在童年既没挨过拳头，也没被打过后脑勺的人，才是最坚决、最不妥协地面对邪恶的人。实际上，皮鞭不仅会降低了孩子的尊严，还会把他内心中最黑暗、最卑鄙的魔鬼——萎缩、怯懦、仇恨、虚伪——唤醒，使他的心灵堕落腐化。

大约在十五年前，我们学校有个小姑娘叫凡塔捷尔卡，是个创作故事的小能手。有一次课间休息，看到别佳殴打格里沙，她跑来说"别佳对格里沙，棍子，棍子……"的时候，满脸惊恐。因为在她的字典里仿佛没有"打"这个字，在那个时候，她还不知道一个人居然可以像这样殴打另一个人。因为这种无知，小姑娘会不能适应生活吗？完全不会。许多年以后，在流氓举刀向一位妇女砍去的紧急关头，一个十九岁的女大学生勇敢地向前冲去。那个女大学生就是凡塔捷尔卡。她受伤了，但她救下了那位妇女，使那位妇女免于一死。

　　成人与儿童的精神联系会被皮鞭抽断，家长和教师的所有努力也会因为它而付之东流。你犯不着去打一个已经学会在拳头的恐吓下装装样子的孩子。体罚已经不能让他害怕，理智、温和的话语他又听不进去。家长也好，教师也罢，在孩子面前已经失去了权威，往后只好由他去了。

　　和不能容忍恐吓和体罚学生一样，也不能容忍教师挥舞精神的皮鞭，给予学生精神上的侮辱。无论是因为教育素养低，还是因为不能控制自己的情绪，这种行为都是不能原谅的。

　　宽恕一切，并不是我所主张的，但真正的教育和"压制""强迫"水火不容，是我始终相信的。如果教师一方面向孩子提出各种要求，另一方面又对他百般迁就，那这种教育，就像在沙浪上划船，注定是要失败的。

　　学校是引燃智慧之火的火种，而不是存取知识的仓库。面对秉性千差万别的孩子，学校最重要的任务是帮助每一个孩子都得到尽可能好的发展。

　　本该使人快乐、幸福的学习却让孩子感到痛苦和害怕，面对这种现实难道我们还能够保持平静吗？今天也好，明天也好，他每天都觉得自己是一个坏学生，所以他会厌恶和害怕学习。我这里还保存着这样一封信，上面写道：我的女儿学习成绩不好，经常得二分，每次回家都很忧伤。有天夜里，女儿的哭声突然惊醒了我，我询问她"你怎么了？"她抽泣着哀求："妈妈，我们搬家吧，搬到一个没有学校的地方去吧！"

让孩子在学习中成长，这就意味着任何时候都不能忘记，和我们打交道的是一群正在发展成熟的孩子。有些孩子的思维像欢快的小河一样流畅，有一些孩子却比较迟钝。不要急着给孩子下定论，不要轻易给低年级学生打二分。二分就像是一条鞭子或一根大棒，孩子向上的愿望会被它连根毁掉。

鼓励低年级学生"再试一次，你会成功的"，而不要在他满意地完成作业以前给他任何分数。这是我们学校的规矩。真正的教育是从激励孩子竭尽全力完成作业，做个好学生开始的。在教师的鼓舞下聚集自己所有的力量，那么他，一个小小的人也会拥有取之不尽的精神力量。从学习中获得快乐，是一个孩子迈上更高的台阶，获得成功的前提。在梦中他都会看到自己挺直了腰板，而不是趴在桌上偷偷涂改分数。不打二分，不使用任何强制手段，我们会从屈辱和道德堕落中拯救不止一个孩子。

让孩子带着二分从一个年级走到下一个年级，是一种极其不负责任、极端残忍的行为，也不是我们这样做的目的。我们要做的是唤醒孩子的自尊。如果孩子懂得了尊重自己，那么教师的要求就会变成他自己的要求，他就会不断地追求上进。

学校是发展最复杂的人的关系的地方，它进行的是造就人的工作，这工作既伟大又困难，既让人快乐又让人倍受折磨。总是能够用创造者的眼光来看待自己的教育对象，这才是教育者的智慧。

保护孩子心灵的纯洁

教育、日常生活和社会成员相互关系中最重要的一条规律是：善良要靠善良来培植，邪恶衍生的只能是邪恶。

但是有时候生活中也会遇到一些很难一下子用规律解释清楚的事情。这样的事情曾经就发生在一所学校里。

一位教四年级的女教师非常了解自己的二十四名学生，她开玩笑时说道："只要走进教室，看看他们的眼睛，每个孩子功课准备得怎么样，今天谁能得五分，谁只能得三分，我就能一清二楚了。"

班上有几个小男孩、小女孩，算术作业总是做得又快又好，其中米沙最让女教师引以为豪。他甚至不需要抄下题目，只要听一遍，就能把它心算出来。米沙的算术作业全部得五分是毫无疑问的事。如此出色的数学才能令同学和教师纷纷称赞，米沙自己也颇为得意。

班上还有一名叫尼古拉的学生，也很会算算术题，但速度很慢。因为他算得实在太慢了，所以多数情况下只能得三分，有时得四分。

有一天，一件意想不到的事情发生了。女教师出了一道很难的题目，尼古拉被她叫到了黑板前。小男孩不慌不忙，清清楚楚地分析了题目的条件，这道难题一下子就被他算了出来。尼古拉的出色表现吸引了全班同学。女教师也很满意，四年来第一次给了他五分。

突然，教室里响起了哭声。学生们十分惊讶地发现，原来米沙正趴在桌上伤心地呜咽。米沙正在经受着妒忌的折磨，他不能容忍班上有第二个算术尖子。

米沙的表现令女教师十分不安，她忧心忡忡地来找我。可怕的嫉妒是如何产生的呢？关于这个问题，我们一起想了好久。要知道孩子们一直生活在友好的环境中，教师的评分也一向是公正的呀。

但即使是这样，孩子的心灵还是被邪恶入侵了。很长时间内，我都在思索这件非同寻常的事情，最终得出了这样的结论：有时候，邪恶完全不被发现，好像它根本就不存在；而实际上，孩子们身边正隐藏着这种摧残心灵、使心灵变得畸形的毒种，他们一直处于被这种毒种窥视的状态中。

如果想要孩子们不受邪恶的侵袭，我们应该怎样保护他们呢？其实人的心灵和土地很像，一块肥沃的土地，如果没有种下葡萄，没有撒上汗水，即使不去播种，它也会长满野草。所以驱逐邪恶必须得用善良。对于少年儿童，用不着谁来教他学坏，只要不教他行善，他的心灵完全可以萌发出道德的恶种。必须时刻保护孩子，不让任何邪恶的种子落进孩子纯洁的心灵，这是一条重要的教育原则。而现实却是，邪恶的种子细微至极，很难察觉。一般直到它生根发芽，钻出地面，我们的教师才会察觉并且着急起来。

什么是道德的恶种？它来自何方？我们应该怎样做才能保护孩子纯洁的心灵？

心灵空虚是最可怕的祸害。不需要任何特别的环境，儿童和少年只要对人冷漠无情，以为人怎么活着都无所谓，就能够形成心灵空虚。创造善良和抵御邪恶，是人最大的幸福。而心灵空虚的人就像被蒙上了双眼，不仅看不到自己的善良，体验不到自己的尊严，也不会创造善良，不会运用自己心灵的力量来抵御邪恶。防止心灵的空虚，神圣、坚定的信念必不可少。对于孩子，这种信念和生命、荣誉、良心、平安以及家庭的温暖和抚爱一样，极为珍贵。为了保护孩子的心灵，使之永葆纯洁，父母、教师需要帮助孩子树立以下神圣、坚定的信念：

相信良善，相信人不仅能使自己幸福，也能使别人幸福，把为别人创造幸福当作人最大的幸福；

相信劳动改造世界的神奇力量，相信美好的未来可以由人们用劳动为自己创造；

相信自己，善于发现自己的善良和智慧，为自己、为劳动成就、为自己用劳动给别人创造幸福的善举而自豪；

相信展示在社会理想、道德以及现时和未来生活中的伟大真理，相信自己不是被命运的漩涡任意摆布的尘埃，而是具有巨大创造力量的人。

当然，真正的思想教育，决不能只靠动听的言辞来让孩子树立这些信念，而是应该引导孩子用正确思想指导自己的行为。正确的思想，只有和儿童的个性、个人利益、愿望、追求融合在一起，才能成为儿童心中的圣物。

因此，使高尚的思想和道德体现在儿童的行为举止中具有很大的教育意义。在我看来，让儿童用自己的行动说服自己，在自己的行动中看到自己的思想和激情，是触动儿童心灵的意义所在。让儿童树立起对良善的信心，这件事看起来简单，实际上却几乎是最复杂的教育工作。如果您在这个领域取得了成功，那么您有足够的理由相信您的学生在任何时候都不会走上邪路。必须让孩子看到用自己的力量创造出的美好事物，让他在为别人做的好事中留下一点自己的心血，那么孩子才有可能相信良善。就好像极度的干渴会驱使人不得不走向清泉，良知和本性也会驱使着儿童不得不做好事。只有在儿童用善举来表达自己本性的情况下，对善良的信念才会真正成为他心目中神圣的东西。只有这时，我们才算接近了教育的最终目的。因此，让儿童通过创造美好来展现自己作为一个人的精神本质，是使儿童心灵纯洁的关键。教育的"秘密"多半就在这里：激发儿童真心实意追求美好和善良，让他们明白做好事不是为了给别人看，而是为了使自己更加高尚。

"只要对我有好处，我想做什么就做什么，至于别人怎样与我无关"，这样冷酷无情地对待别人，最终会导致利己主义的毒果。因此，不想让孩子变成铁石心肠的人，就要防止他对别人冷漠无情。人是世上万物中最复杂、最美丽、也最难以琢磨的生物。人要在认识世界的过程中使自己高尚起来，首先就要认识最神奇的"人"。一个人，在面对一个和自己一样充满灵气和生机，有思想、有复杂和独特精神世界的人时，居然会举起手来伤害他，这是一个巨大的悲剧。悲剧发生的原因，恰恰在于罪犯不懂得"人"究竟意味着什么。怎样才能让学生把人，把人的思想、情感和全部精神财富当作世上最为珍贵的东西来珍惜呢？在我看来，教育的第一步是教育学生认识"人"。为了保护儿童的心灵不受邪恶的侵蚀，我们必须把认识人的活动渗透到学校生活和儿童与周围人的关系中。任何时候，儿童都不会中断自己对人的发现，他们对人的认识只会越来越新鲜、美妙、神奇。人的伟大和复杂，会让他们不断惊叹。

触动儿童的心灵，让他们认识人，这需要高超的教育艺术和丰富的教育知识。在儿童与周围人相处时，我努力使他们做到热情而有分寸，对别人内心世界中最为细腻的思想、愿望和感情予以尊重。我努力在儿童集体中营造一种体贴、真诚、礼让的气氛，使儿童与他人建立起友好的关系。应该从小就让儿童树立这样的思想：每一个人，无论老幼，都有享受幸福的权利；尊重一个人，就不能粗暴地触动他心灵中最敏感、最疼痛的地方。这一点非常重要。

应该怎样培养孩子这些精细的精神品质呢？语言、美好的事物、带有情绪色彩的记忆，这些最细腻、最温和、最能影响精神世界的教育手段，应该从小培养并让孩子敏锐地感应到。语言是保护孩子心灵不受粗野、冷漠、迟钝、冷酷伤害的强大手段。孩子的心灵，应该像琴弦感应同一音域音叉的声音那样，极为敏锐地感应语言的影响。这一教育手段如此精巧有力，应该怎样用才好呢？最重要的是，要善于用语言描绘出人的精神活动的生动画面。我总是力求找到那些最能帮助孩子认识人的各种细腻感受的词汇。

这样的事情是常常出现的：不幸降临在一个和孩子们经常相处的人身上，但孩子们却对此毫无察觉。如果不教育他们用心去体察他人，那么任何时候他们都察觉不到别人的不幸。而激发人的心灵需要词语。转换角色、将心比心是同情心的源泉。孩子们在听我讲述他人的痛苦时，能够很快转换角色，想象自己处在别人的位置时的心情（如果没有语言的作用，这种能力在任何时候都不会被激发出来）。有了这种能力，不用说话就能理解他人的悲伤、痛苦和不幸。一个在昨天或者前天刚见过的人，如果今天他的精神状态发生了变化，哪怕不明显，儿童也能察觉出来。儿童拥有了对人的内心世界的敏锐的感知能力后，他的情绪记忆也会得到发展和完善——不仅他的智慧记住了，而且他的心灵也记住了；除了记住了眼睛看到的事物，还记住了由这个事物引起的情感体验，记住了面对别人的痛苦和悲伤时自己曾经的状态。教育艺术的重要侧面是培养和完善儿童的情绪记忆。从儿童上学的第一天起，我就教育他们用心去感受最亲近的人（母亲、祖母、父亲和祖父）的内心世界。本民族所有的语言手段几乎都被我调动来帮助儿童感受不安、不快、痛苦等几十、几百种只有细小差别的心理体验。这些，甚至最亲近的人也不一定会对孩子们讲解，但是孩子们应该学会觉察和区分。我对孩子们说，母亲下班回来了，用你们的心去听听她今天的心情好不好。人有几十种心情，也有几十种引起每种心情的原因。母亲的心情是平静还是焦躁，是快乐还是忧伤，你们可以通过母亲的眼神和动作，还有她对你们的态度来感受。你们要根据母亲的情绪状态来调节自己的言行。

特别关注老人（祖父和祖母）的内心感受，是儿童教育中的重点内容。敏锐地体察祖父、祖母情绪状态的能力，是衡量儿童、少年情感修养的一个重要指标。不要只是给予某种具体的"援助"，而是应该热诚、细心地关爱老人。我努力使孩子们不仅明白关心老人的道理，而且善于用自己的心去感受老人已经步入暮年的生命。我努力使孙子和祖父拥有一些共同的精神需要。在我的努力下，相互需要成为把最小的人和最老的人联系在一起的纽带。

要防止儿童滋生利己主义和个人主义。儿童利己主义形成的最主要的根源来自儿童意识形成的最初阶段。在这个阶段，儿童的心理敏感、柔顺、可塑性强，易于接受教育的影响。也正是在这个阶段，儿童的意愿是他的"宇宙中心"，个人的意愿是否得到满足，将决定他的情绪、他对人对己的态度。即使是一点点不如意，也会引起他强烈的情绪体验。这个阶段的儿童对别人的精神状况漠不关心，对身边亲人的痛苦和不幸一概视而不见，自然也就谈不上理解和感受。

儿童心理也会因为利己主义而产生畸变。对利己主义者来说，别人要么是供他享乐的工具，要么是不能为他带来任何好处的中性生物，反正在他这里，别的人都不是有思想、有情感、有追求的万物之灵。利己主义者甚至对为自己操劳一生的父母也毫不关心。

儿童的利己主义有别于旧意识的残余。有些家庭，父母都是好公民、爱集体、待人热诚、富有同情心，儿子却沾染上冷漠无情的利己主义。这种可怕的邪恶主要是在这种情况下滋生和蔓延的：孩子心目中只有自己，整天沉湎于享乐；而成年人却不敢取下孩子的眼罩，让孩子也看一看身边的人，不敢把每个人都享有幸福和快乐的权利坚决地告诉孩子。我把这种主义称作为精神上的自我堕落。

如果想要使孩子免受利己主义的毒害，我们应该怎么做呢？

教育孩子学会控制自己的欲望，是对付利己主义的主要方法。这种教育的起点是家庭。在孩子刚刚懂事时就要让他清楚地明白这样一个事实：自己生活在很多人中间，别人也有自己的愿望，也希望得到满足。我们告知年轻的家长：教育儿童尊重人，必须首先教育他尊重人的意愿、利益和向往。在儿童入学以后，教育儿童尊重别人的愿望，在引导儿童用心灵和智慧认识世界的活动中占有很大的分量。完全与别人无关、完全不与别人的意愿相冲突的个人愿望是没有的，也不可能有。愿望的冲突是不可避免的。因此，为了维护社会生活的和谐，每个人都应该接受别人的合理愿望，使自己的愿望与整个社会生活协调起来。

在把所有这些道理讲给孩子们听的时候，我都力求用生动浅显的事例，特别是结合各种实际的生活情景，让孩子们知道在各种欲望、利益、追求错综交织的世界里，怎样做才不会迷失方向。

你们每天都会从学校附近的一片秋菊花丛旁走过。这些秋菊花太美了，要是能摘下一朵，只摘一朵，细细观察该有多好。但是假如每个人都想怎么做就怎么做，会带来什么样的后果呢？恐怕这片秋菊花丛连皮都要被剥光。人有各种各样、没有止境、甚至有些刁钻古怪的愿望。如果每个人的每个愿望都一定要得到满足，社会生活就会被搞得一团糟。要记住，你的愿望是一只敏捷的小鸟，它的名字是"我要"，"我要"飞上蓝天，一定会碰上另一只小鸟，这只小鸟的名字是"不行"，"我要"碰上了"不行"，会产生什么结果呢？多数情况下，"我要"只好飞回自己的小窝。从这件事情中，你应该吸取教训：不要再轻易将这只小鸟放出来。

如果想要在这种复杂的情境中使"我要""不行""能够""必须"不迷失方向，就需要孩子在对待别人的精神世界时，抱以很大的热诚和细心，能够敏锐地感受整个生活的谐音。我们必须引导孩子用智慧和心灵去认识世界。人们就像辛勤的工蜂，不断往社会这个大家共有的蜂房中送去善良的蜜汁，因此，在纷繁复杂的人际关系之上，生活仍然奏出美妙动听的旋律。每一滴蜜汁都体现了人的道德精神和社会道德规范，都是人类宝贵的精神财富。如果没有这一滴滴甘美的蜜汁，人类生活早就变得极其艰难，人的精神也早就被折磨得疲惫不堪。为了预防利己主义滋生，必须坚持不懈地教育孩子们都来为和谐的社会生活增添善良的蜜汁。以下原则特别重要，望遵循：孩子放进共同蜂房中的蜜汁，应该多于他取出的。如果这个平衡被打破，辛勤劳动的工蜂就将不堪重负。

珍惜儿童纯洁的心灵，不要让他沾染上冷漠的恶习。这一点与预防利己主义紧密相关，因为冷漠是利己主义的一个方面。孩子经常被父母这样叮嘱："多想想自己，不是你的事情你别管。"就是这句看上去似乎没有什么过错的话，其实在不知不觉间已经在孩子的心里播下了冷漠的种子。母亲对儿子说："看到别人打架动拳头，离他们远点，不要惹祸上身。"于是，儿子不仅对同伴间的打斗不闻不问，就是遇上流氓以强凌弱，侮辱姑娘，他也会闭上眼睛。冷漠的滋生往往起于很小的事情。在这类事情上我们可以发现精神生活的一个规律：对一件事情闭上眼睛的人，很快就会对所有事情闭上眼睛。能让他感到不安的事情，几乎没有；能让他放在心上的事情，也几乎没有。冷漠使利己主义者心灵空虚，使他本来就极其缺乏道德情操的精神世界变得更加苍白。于是，就像陀思妥耶夫斯基描绘的那样，利己主义者只为"自己的肚皮"而活着。

冷漠是利己主义毒树上结出的浆果。对一切都冷漠无情的人，没有任何理想。他今天可以对他昨天还崇敬的东西肆无忌惮地泼脏水，成为自己的叛徒。这种人不懂得人对人的需要是什么，真正的友谊是什么，也不懂得对父母、子女应尽的责任是怎样的，他没有可以交心的朋友。冷漠无情使利己主义者道德沦丧。

在每一个儿童身上找到人性中最美好的一面，并把它发扬光大，是防止儿童心灵变得冷漠的最主要的措施。对儿童来说，生活中总有让他动心的东西。儿童对周围世界善恶的反应，是他个人精神生活中最细腻、最敏感的部分，社会的理想和个人的追求在这里汇集，个人的道德信念也在这里诞生和确认。儿童对待那些本该使他欢乐、惊叹或者反抗、义愤的事情的冷漠神情，是一个善于思考的教育者在任何时候都不会放过的。让儿童不仅学会用眼睛去看世界，还学会用心灵去感受世界，是教育的真正艺术性的体现。

谨防说谎、欺诈、虚伪、做事只图表现或者讨好上级等恶习侵蚀儿童的心灵。人之所以会变得卑鄙无耻、假仁假义、麻木迟钝、冷漠无情，都是由说谎、欺骗、颠倒黑白、做表面文章、粉饰太平等种种恶习挑唆的。当儿童看见或者感受到成人竭力向他展示的是一些编造出来的"事实"时，再也不会有什么神圣不可侵犯的东西留存在心中了。他逐渐形成并巩固了一种信念：为了适应生活，每个人都在弄虚作假。那些能够决定自己命运的人喜欢听大吉大利之类的好话，于是他告诉自己应该讨好他们，而不是想怎么说就怎么说。阿谀奉承是撒谎、欺骗、口是心非产出的畸形儿。

为了让这些恶习远离孩子们，我不得不提醒成年人：我们成年人自己就常常说谎并且满不在乎，但是孩子们却在用心看、用心想。他们或者对成年人的虚伪和欺骗提出抗议，或者渐渐习以为常。有的学生不好好学习，给他个三分让他照样升级；明明只是校园里一块刚刚发绿的作物田，却被报纸称为学校试验田，吹嘘它的生长盛况；共青团委员会明明什么事情也没有做，总结大会却非常满意它的工作成绩。伪善、虚假、欺骗的毒种就这样播撒在儿童单纯而又渴望丰收的心田中，它们在那里生根发芽，直到结出一串串恶果——溜须拍马、背信弃义、口是心非、见风使舵……

教育孩子说真话，就是在保护孩子的心灵。教育者必须遵守的最重要的原则就是要求孩子说真话，真话是最高法官。任何情况下，教师都应该以一个真正反对弄虚作假的、诚实的人的形象，存在于孩子的心中。

我特别重视的一件事情是，从孩子入学的那一天起，就让孩子的心灵总是像清晨晶莹的露珠那样纯洁。保持儿童心灵的纯洁需要高度的教育技巧，需要把智慧的声音和儿童最初的情感活动融合在一起，这是一种复杂的劳动。在我看来，人的良知建立在认识周围世界的基础上：仅用智慧来认识世界还不够，还得发挥心灵的作用。儿童对世界的认识通常伴随着情感的最初冲动，而情感的最初冲动总是纯洁的，所以孩子们总是生动、鲜明、符合实际、充满感情地评价他们见到的一切。

请您永远不要遏制这种纯洁又高尚的情感冲动，如果您还希望自己的孩子诚实、远离虚假和欺骗的话。

教育者必须特别注意，劳动和诚实是两股相互补充的强大教育力量，在涉及劳动的事情上，不能让任何虚假欺骗的阴影在儿童心灵上留下痕迹。公正、客观地评价每个儿童的劳动表现有特别重要的教育意义。我们教育者在任何时候都不能忘记，儿童所付出的劳动，决不能用儿童智慧劳动的成果——他在某阶段获得的知识和完成的具体学习任务来衡量。这样的情况是非常常见的：一个孩子很容易就掌握了知识，几乎没费什么力气就得到很高的分数；而另一个孩子花费了许多时间，克服了不少困难，结果只得了一个中等分数。于是，不正常的状况就这样形成了：我们测量和评价的是学生的天赋，而不是他付出的劳动和他克服困难的毅力。学习努力却获得低分的学生渐渐感到委屈甚至怨恨，他不再相信自己的力量，进而产生了依赖心理；而轻而易举得到高分的学生，又会因此趾高气扬，放松了对自己的要求。可见，这样的评价方式是学校教育工作中的一个最严重的失误。

怎样才能保护幼小的心灵不受这种痛苦的折磨呢？有没有什么评价标准，既能评定学生的能力，又能公正地评定他付出的劳动呢？优秀教师的经验表明，只有一个办法：使教学活动个别化，以明智、谨慎、有分寸的态度对学生进行评价。对那些才华出众的学生提出更高的要求，比如给他们布置难度大一些的作业，让他们在学习时精神真正紧张起来。不要让那些能力强一些的学生以为自己总能得高分，也不要让能力弱些的学生以为自己命中注定只能做容易、浅显的作业，这完全取决于教师的教育艺术。昨天连中等难度的题目都不敢碰的学生，今天就敢于向高难度的题目发起冲击并且获得成功，一定是因为他获得了有利于他智力发展的、客观公正的评价。

客观评价学生劳动的必要前提，是在集体中对学生进行公开评价。

要防止学生沾染懒惰、游手好闲、敷衍塞责的恶习。难道只有在人什么也不想做的时候，懒惰才会使人变坏吗？不。有时候懒汉也会去做你要求他做的所有事情，不过这个时候，强迫和监督才是让他干活的唯一动因。精神懈惰，没有把工作做得快一些、好一些的内部动力，是懒惰的一种表现形式。亲手做成一件事，却完全不关心它的质量，就是这样一种懒惰。所以，我把懒惰叫作心灵的冬眠。

懒惰会使儿童的心灵发生扭曲，使儿童的活动失去最重要的诱因——奋发向上的精神。要激发儿童工作的愿望和热情，就要让他品尝到创造活动的幸福，要让他的精神生活变得充实。激发孩子的振奋精神需要十分精细的教育技巧。它能把孩子从没有快乐、枯燥乏味的生活中解救出来。

在学校生活里，一切懒惰的本源是思维的惰性。因为无论是智力劳动，比如读书、写作业，还是体力劳动，比如在菜园里或者果园里干活，都是精神生活的外在表现，贯穿这些活动的红线是思维。想要使学生精神振奋，首先要唤醒学生沉睡的思维，激发学生在劳动中肯定自我的愿望。有了这个愿望，学生才会热爱劳动，富于创造。

四年级的尤拉写了一篇题为"一个晴和的秋日"的作文，我目睹了他趴在桌上费力写作的样子。这对于他来说实在是太难了，因为他的脑海里根本没有晴和秋日的鲜明映像，更别说用各种词汇把它搬到作文本上了。小男孩眉头紧锁，竭力强迫自己写出点什么，实际上他压根就不想写这篇作文，他在教室里如坐针毡，痛苦万分。但我从来没有忘记，当我们走近思维和语言的源泉，在大自然中观察田野、森林的时候，尤拉曾经是那样兴致勃勃，两眼闪烁着智慧的光芒。我努力地回忆有哪些自然景象让尤拉兴奋无比，并尝试抓住这个线索，用这些画面来激发他的创作欲望。我走近尤拉，轻轻对他说："还记得那个秋天的早晨吗？回忆一下，你是如何发现的那些霜——欧洲野菊的花瓣上凝结着的一个个小小的结晶？后来太阳出来了，那些小结晶融化成露珠，在花瓣上闪闪发光。那些你都还记得吗？"

一瞬间，尤拉的眼睛里有了光彩。看来，凑合写几个字的念头已经被他完全放弃了。那个宁静的秋日的早晨浮现在他的脑海里……多么美好的画面哪！要是能用语言描绘出来该有多好！尤拉的脑海在翻腾，他伸出手来，写呀，写呀……仿佛摆在他面前的是一块很大的画布，而不是一张纸。而他，是要在这块画布上呈现大自然美景的艺术家。创作的激情就这样在生动的、一下子就抓住人的心灵的思维活动中产生了。这种激情是一种内在的力量，完全改变了人：刚才尤拉还目光呆滞，流露出自认倒霉但又满不在乎的神情——该怎么样就怎么样吧，反正我也写不出来。而现在，他整个人都因为活跃的思维而变得生机勃勃。他甚至忘记了自己是在课堂上，是在工作。使他振奋的，是激情；给他极大快乐的，是劳动。

我发现，让每一个孩子都能体验到智力劳动的激情，是我最重要的任务。任何形式的智力活动，单调的语法练习也好，背诵诗歌也好，写算术题也好，都需要激情。在教育活动中，教师要充分把握激发学生激情的机会。学生只有体验到智力劳动的激情，才会产生学习的愿望，才能独立而又精神抖擞地工作。

在生产劳动中，激情也是预防懒惰的强大力量。不想劳动的源头是思维懒惰，而我们的教育者却只知道强迫学生用手干活。其实，无论体力劳动有多么单调，它都存在发展创造思维和激发激情的天地。思维会召唤双手，使劳动成为大脑和双手和谐运动的游戏。

儿童心灵的又一大天敌是虚荣。虚荣的表现包括过分追求荣誉、渴望表扬和高分、爱出风头。遗憾的是，儿童心灵的这些毛病往往是由学校造成的。当教师忽视内在精神因素的作用而过分强调学生的外在动机时，后果尤为严重。

把分数看得过于重要，实际上是在给教育帮倒忙。现在的学校中，经常会有这样的现象：学生题目还没答完，分数就已经出来了。评价过高往往会使学生对自己的智力和能力产生错觉，陷入自我陶醉，逐渐看不起别人，需要和兴趣也日渐贫乏。虚荣是冷漠和缺乏同情心的另一种表现。

通过一个实例，我们来看看虚荣会导致什么后果。一位四年级的女生把在学校捡到的 20 戈比交给了教师。教师在全班同学面前表扬了她，她的相片也因此挂上学校的墙报，广播里也报道了她的事迹。两个星期后，两个女学生也找到教师，一个交出 5 戈比，另一个交出 10 戈比，也都说是在学校里捡到的。但这一次她们并没有受到教师的表扬。于是这两个女学生不高兴了，向教师抱怨："为什么我们的事迹不能被写在墙报上呢？"后来教师才知道，钱不是她们捡来的，她们只想用钱"买"一个表扬……

出于良好的动机，教师总是不放过任何一个可以进行"道德评价"（"好"还是"不好"）的行为。连在一些正常的人际交往中应有的行为也不吝赞扬：扶老奶奶过马路，表扬；告诉生病的同学留了哪些家庭作业，表扬；给妈妈准备了"三八节"礼物，也表扬。除了在同学面前表扬，还要在家长面前表扬。久而久之，虚荣就在儿童心里产生了，而且越来越强烈，越来越难以满足。

学校中滋生虚荣的土壤必须被铲除。对待知识评价和能力培养的问题，我们一定要理智。为什么一定要在学校和班级里划分出一部分学生，给他们贴上标签，大肆炫耀他们如何才华出众？这里有必要再重复一次：对有才能的学生，不妨把学习难度加大一些；而那些被认为能力平平的学生，也要让他们有机会在某方面获得优异成绩。总而言之，采取动态的评价学生能力的方法，是预防学生产生虚荣的最可靠的办法。

学生做的所有事情不是都要被予以评定。相当一部分智力工作是学生本来就该完成的，尤其是在中年级和高年级，要引导学生意识到学习是为了认识兴趣，而不是为了获得分数。

在道德关系范围内，对待表扬一定要特别谨慎。要努力引导人出自内心的需要，凭着良心去做好事，而不是贪图表扬。

最后一个措施——谨防幼稚病！我这里指的是人在精神发展方面的一种奇怪的疾病——"漫长的童年"，它主要表现为精神上的不成熟。在学校常常能看到一些已经十五六岁的少年，他们有着接近于成人的身体发展，但是在精神、道德和劳动方面却还滞留在十岁、十一岁孩子的水平上。冬天，有所学校派一组十六岁的九年级学生去集体农庄的果园，让他们摘下树上布满虫卵的叶子。零下三摄氏度的天气，四周一片寂静。同样也是十六岁的建筑工人，在这种条件下，需要在室外一连工作六个小时。而我们的学生，却连一个小时都坚持不了。他们丢下工作，跑回学校取暖。这是学生在道德、劳动方面不成熟的典型事例。

导致思想幼稚的原因有很多，包括天真、无能、无力自卫、不会劳动、面对困难束手无策等。我曾经听过几个十六岁的女孩子回答有关托尔斯泰和屠格涅夫长篇小说的问题，我惊讶于她们狭窄的视野、幼稚的评论、孩子气地看待各种复杂生活现象的方式。

幼稚病是一种严重的疾病，人的精神、创造力都被它所束缚，它把人的社会生活局限在十分狭小的天地里。

怎样才能预防这种疾病呢？把人的精神、道德的成熟和劳动的成熟统一起来，把人的身体锻炼和精神的磨炼统一起来，这才是最重要的预防措施。如果学生过着非常轻松的生活，没有经历过任何困难和磨难，没有体验过汗水和老茧，那么就永远不要指望他们在精神、道德和劳动方面成熟起来。

为了使精神的成长和劳动的成长统一起来，我们让十二三岁的少年做一些需要付出一定的体力和智力的工作。当他们十五六岁的时候，把工作的紧张度变得更大一些，甚至可以使它几乎接近成人工作的紧张度。天气不太冷的话，可以让十二三岁的少年在空气新鲜的室外做些力所能及的工作；而十五六岁的青年，则要在零下十至十五摄氏度的严寒中，有时甚至在暴风雪中劳动，比如到田里为畜牧场取运饲料。从他们自己的劳动经验中，少年和青年会体验到真正的工作是什么，体验到不去战胜困难，就不会有生活。使精神和劳动成熟起来的最重要的因素就是这种切身体验。只有那些在青少年时期就学会真正的劳动、学会战胜困难的人，才会像一个成年人那样去思考生活，才不会永远如孩子般天真。

我们在孩子身上延续自己

没有理智的父母之爱只会给孩子带来伤害。娇宠放纵的爱、独断专横的爱、赎买式的爱是畸形的父母之爱的主要形式。

儿子心上的烙印

1 幸福和不幸的家庭

乌克兰民间有这样一个古老的传说。

有一位母亲，她会把清晨的露珠一滴一滴收集起来给儿子洗脸，用最讲究的绸缎给儿子缝制衬衣，因为她就这么一个儿子，无比珍贵，怎么也爱不够。儿子长大了，身材匀称，容貌帅气，娶了一个天仙般的姑娘做了妻子。妻子被儿子带回家，可是美丽的妻子却不喜欢婆婆，甚至憎恨她。母亲怕和儿媳妇打照面，于是总是躲着她，最后只好住到外面的棚子里。即使这样，美丽的妻子还不甘心，她对丈夫说："如果你还想和我一起过日子，你就得杀死你的母亲，取出她的心，放到火上慢慢烘烤。"

儿子完全被妻子美丽的容颜迷惑，听了这话，连心都没有颤抖一下地对母亲说："妈妈，我的妻子给了我杀死您的命令，她让我取出您的心并放到火上慢慢烘烤。如果我不照她说的去做，她就要离开我，可是没有她，我活不下去……"听了这话，母亲哭了，说道："好吧，儿子，你心里怎么想的就怎么去做吧。"

于是儿子领着母亲走到密林中的一块空地上，掰了一些干树枝，点起篝火，然后杀死母亲，把她的心取出来，放到点燃的树枝上。干树枝被烧得噼啪作响，突然，一块飞起的小木炭正好打在儿子的脸上。儿子大叫一声，慌忙用手捂住被烫伤的地方。此时，正在木炭上烘烤的母亲的心也骤然颤动了一下，喃喃地说："你很疼吧？我亲爱的儿子。快去摘片车前草叶子，火堆旁就长着有。你先把叶子贴在烧疼的地方，再把妈妈的心贴在叶子上，止住疼后再把妈妈的心放回火上……"

听了母亲的话，儿子失声痛哭，他急忙从火中取出母亲炽热的心，把它捧在手上，放进自己的怀里。他泪流满面，无比痛苦，终于明白：任何时候，都不会有第二个像母亲这样热烈而真诚地爱他的人了。母爱是如此巨大、没有穷尽！母亲希望儿子快乐、幸福的愿望又是如此强烈！母亲的心恢复了跳动，被剖开的胸膛合拢了，母亲站起来了！长着一头鬈发的儿子被她紧紧搂在怀里。儿子憎恨美丽的妻子，不可能再和她过下去，母亲也不愿回家，于是母子二人向着辽阔的草原走去，最终变成两座高高的山冈。

人民用智慧创造的传说就是如此。别林斯基赞美母爱的这些话一点儿也不过分："因为有了母爱，人类才得以生存。再也没有比母爱更强烈、更圣洁、更无私的爱了。和母爱相比，任何的眷恋、任何的爱情、任何的热望，或软弱无力，或夹杂个人私欲。"

对于生命已进暮年的父母来说，只有子女的感激和亲情能让他们感到慰藉和幸福，而子女的疏远和绝情最让他们痛苦和失望。

也许老百姓谴责一个人时用的最重、最严厉的话语，就是"忘恩负义""不孝之子"。我在学校工作了三十二年，最早坐在课桌后面的那些孩子早已做了父亲和母亲。几百个人的命运，我都曾亲眼看到；每个人的命运是怎样造成的，我也十分清楚。我应该像劳动人民一样培养人的纯洁和高尚，从永不干涸的道德源泉中汲取、培养真正的人性、真正的兄弟和同志情谊的精神力量，这是生活教给我的。现在我给大家讲讲不久前发生在我们镇子里的一个真实的故事。

玛丽娅和赫里斯京娜是邻居，她们都在集体农庄工作，都养大了一个儿子。彼得是玛丽娅的儿子，安德烈是赫里斯京娜的儿子，两个儿子都出生在同一年。一九三九年的秋天，他们都到了服兵役的年龄。

玛丽娅和赫里斯京娜一起把儿子送到了部队。回来后，她们经常在一起计算，蓝眼睛、浅色头发的彼得和黑眼睛、头发黑亮的安德烈，还要等多少天才能回来。

不久后，战争打响了。乌克兰被德国侵略者占领了。两年来，两位母亲没有收到有关儿子的任何消息，她们只能苦苦地期盼。在乌克兰被苏联红军解放后，装在蓝色三角信封中的军中来信终于送到了玛丽娅和赫里斯京娜的手上，万幸的是她们的儿子都还活着！她们高兴得连心都在颤抖。战争的炮声终于停止，彼得和安德烈都健康地回来了，母亲们倍受煎熬的心充满了欢乐。

遗憾的是，没有高兴多久，不幸降临在两位母亲身上，但她们的命运却截然不同。玛丽娅双脚不听使唤，倒在床上不能行动。如人们常说的，麻烦一个接着一个。除了母亲突然病倒，一直等待彼得回来完婚的黑眉毛的未婚妻——加林娜，在婚前查出怀孕。按照民间的习惯，儿子应该把怀孕的姑娘带回家，但是母亲卧病在床，彼得顾不过来，所以他陷入了艰难的处境。看着儿子发愁的样子，母亲也很不安，她对儿子说："别让加林娜蒙受羞辱，把她接回家来做你的妻子吧，至于我，就让老天爷来安排吧。"加林娜嫁到彼得家后，夫妻十分恩爱，如果母亲身体健康的话，一切都会非常美满。

听说基辅有一位名医，于是彼得和加林娜卖掉房子，凑足路费，把母亲送到基辅。小两口从医生那里得知，母亲需要在医院住上一年半或者更长的时间。

因为他们时时想着帮助母亲，两个年轻人的生活变得非常艰难。加林娜把自己的衣服卖了，彼得也把自己的手风琴卖了，他们一心一意要把母亲的病治好。

"治好我病痛的是两个孩子的一片孝心，而不是药物。"两年后母亲终于出院，她对乡亲们这样说道。

镇上的人们谈论这件事情的时候，都在称赞彼得和加林娜。他们告诫自己的子女，人生在世就要像彼得和加林娜那样活着。

暂且放下幸福的玛丽娅和她幸福的儿孙们（在我们这里，婆婆称儿媳为女儿，儿媳称婆婆为母亲，这不是没有道理的），让我们再来看看赫里斯京娜的命运。赫里斯京娜的儿子安德烈从来不在母亲面前打开他从战场上拎回的几箱子战利品。母亲的房子被他嫌弃太过狭窄，于是他在镇边靠近田野的僻静之处盖起了一座砖房，房顶上铺的是当时极为罕见的锌板。他结了婚，小日子过得很滋润。

眼看着自己的房子就要倒塌，赫里斯京娜请求儿子为她修修屋顶，但她的儿子却说："你还是自己想办法吧，我自己的事还忙不过来呢。"母亲哭了，但她心想："只要我身体健康，这还不算真正的不幸。"于是她自己在房顶上铺了一些草。但是真正的不幸并没有放过赫里斯京娜。不久后，她的一侧手脚失去知觉，她瘫在了床上。邻居们找到安德烈，对他说："你还有良心吗，安德烈？你的母亲病了，你应该去照料她。"安德烈虽然嘴上答应着，却从来没有去过一次。有病的老人幸好有好心的邻居们照料着。

半年过去了，一年过去了，赫里斯京娜的病情并没有好转，而儿子也一次都没有看望过自己的母亲。镇上的人议论纷纷：母亲被不孝的儿子抛弃了。安德烈背上了忘恩负义的骂名，后来干脆被叫作畜生。大家从不和他打招呼，见他就躲。安德烈又孤立，又害怕，最后竟然自杀了。

为什么会发生这样的事情呢？

怎么会有如此绝情寡义的子女呢？这样的铁石心肠又是怎样养成的？这位不幸母亲的一生值得人们思考。在宝贝儿子安德烈卡（安德烈的爱称）身上，赫里斯京娜倾注了一生的心血，她连觉都睡不安稳。集体农庄成立之前，赫里斯京娜和丈夫下地割麦子时的情景还历历在目。那个时候，她总要在马车上放些芳香的干草，再铺上白色的亚麻布床单，然后把睡着的安德烈卡连枕头带被褥一起抱上马车，还要把他的脸遮起来，以防太阳晒坏了她的小心肝。这样做之后，她才能安心地下地干活。别人家像他这样的八岁的孩子，早就在做拾柴、打水、点燃篝火这样的活计了，只有安德烈卡在父母干活时还能百无聊赖地闲躺在旁边的马车上。

安德烈卡长得健康、活泼，深受母亲疼爱。赫里斯京娜老是担心有什么事情会让儿子伤心，生怕因为一丁点儿痛苦而让孩子本该灿烂的童年变得暗淡无光。有一年秋天，赫里斯京娜为儿子煎了一盘蘑菇，然后拌上酸奶油。看到安德烈卡吃得很香，赫里斯京娜就天天给他做这道菜。附近的蘑菇越来越少，赫里斯京娜只好到十二俄里（1俄里≈1.0668公里）以外的森林去采摘。有一天不小心划破了脚，好不容易才回到家，可她却极力把这件不幸的事情遮掩了下去。每次赫里斯京娜想在孩子面前掩饰什么让人忧伤的事情时，她总是会这样想："安德烈卡的好情绪怎么能让我的痛苦给破坏了呢？""为什么要让孩子知道难受的事情呢？"这一次她还是这样想，于是她随便包扎了一下伤口，就到女邻居家去了。从此以后，女邻居每天都送来一篮蘑菇，作为交换，赫里斯京娜把自己缝制的绣花衬衫送给了女邻居。

就这样，为了安德烈卡，赫里斯京娜遭受过太多的不幸和痛苦，但安德烈卡从来都不知道。他心里装着的只有自己的快乐和满足。他从来没有意识到自己也应该为别人创造幸福，而只知道别人应该让自己享受。就这样，安德烈卡变成了一个铁石心肠的人。

2 家庭教育的基本内容

彼得却拥有着和安德烈完全不一样的童年。玛丽娅虽然非常疼爱儿子，但她从不向儿子掩饰生活中的各种麻烦。在生活中，快乐与忧愁、幸福与痛苦本来就是交织在一起的。应该从小教育孩子不仅要用理智来认识世界，还要用心灵来感受世界。孩子的幼小心灵，会因为生活中发生的种种事情而产生不相同的感受、体验、冲动和追求，而怜悯、仁慈、同情这些情感尤其会在孩子心里留下特别深刻的烙印。玛丽娅的慈母之心非常敏感，她要让孩子从小就感受到：有许许多多的人和我们一起生活，他们都有各自的利益和愿望，他们也想成为幸福的人。

想要成为一个最幸福的人，就要尊重别人的内心世界，既要热诚、体贴，又要有一定的分寸。当然，玛丽娅只是教导儿子去这样生活，她并不能时时刻刻不断重复这种人民的道德信条（孩子还不能理解这个高深的道理）。

玛丽娅有个邻居，是一个孤身的老太太。我记得，每当玛丽娅的大果园里有什么水果成熟了——樱桃、苹果、梨子或者葡萄，她总是会把最先成熟的水果装进盘子，招呼彼得鲁斯（彼得的爱称）："快，把它们给老奶奶送去！"孩子已经把这种事当作了习惯。

玛丽娅教育儿子的时候曾经这样说："冬天里帮助亚里娜奶奶劈些木柴，要比嘴上说一说爱人类困难得多。""人类这个词很抽象，人类离我们也很远，但亚里娜奶奶是鲜活具体的、生活在我们身边的人。如果她没有柴烧，我们会愧疚得一夜都合不上眼。儿子，你听着，别人的疾苦，需要我们用自己的心去关心。"

距离彼得和加林娜的孩子们从我们学校毕业已经有许多年了。今年已经是我从事教育工作的第四十个年头了。我盼望着能在学校门口迎接彼得和加林娜的孙子们，这一天已经不远了，就在阳光灿烂的九月，新学年的第一天。

对我而言，孩子们的欢声笑语开启了学校生活的每一天。从孩子们快乐的眼睛里，我看到他们在赞叹盛放的玫瑰，看到他们在观察周围世界某些新奇的现象——天空中的白云像神奇的小鸟，五彩斑斓的蝴蝶在花丛中飞来飞去时的惊讶。孩子们还高兴地把他们准备送给父母的礼物展示给我看……多好哇！这么多的快乐都是社会和家长给予孩子们的。但是，看到孩子们无忧无虑的面庞，不知为什么，我心中总是隐藏着一丝忧虑。

我想起了安德烈小时候的样子，那个时候他也总是这样地快乐，甚至不是很调皮，可是后来……

总是让我放心不下的是一个永恒的教育问题，也可以说是家庭教育的一个基本问题：怎样在对儿童的教育中，把严格要求和关怀、严厉和抚爱、服从和自由很好地结合起来？有个编辑部曾经一次性收到了几十封父母的来信，信中都提出了同样的一个问题——明智的父母之爱究竟是什么？

在我们这个时代，每一个公民都把塑造人——培养孩子的智慧、情感、意志、性格、美德以及独特的个性，在自己孩子身上重现自己并且创造一个新人看作最伟大的事业和无可比拟的幸福。我们每一个人都应该为了自己的同胞创造些什么，例如面包或者机器，衣物或者宇宙飞船，牲畜良种或者新的交响乐曲，等等。但是我们每一个人都有自己的工作——教育和培养人，这是一项非常个性化，同时又非常社会化的工作。我们应该怎样教育自己的孩子，才能让他们好好继承我们的事业呢？我们做父亲的要在孩子的心灵里留下些什么呢？这些和建造工厂、安装石油管道、建设电站一样重要的问题值得我们认真思考。

为了子孙幸福，我们做父母的正在建设共产主义。我们生活、劳动、为理想而斗争，实质上都是为了我们的孩子。

我属于在 1941 年的艰苦年代拿起武器、参加苏联红军迎击敌人的那一代人。许多战友在战火中牺牲，成千上万个兄弟的陵墓上，已经有了二十岁大树的婆娑身影。而我们这些从战场上幸运地活下来的人，就得肩负起繁重的劳动任务。在一片废墟上，我们逐渐建起了工厂、电站，建起了条件极好的学校和文化宫。

因为我们的孩子在一天天成长，所以我们的妻子是幸福的，我们做父亲的也是幸福的。我们看到又有一座新的青少年营地建造起来了，一群群兴高采烈的孩子和母亲、祖父、祖母一起走向开往营地的公共汽车，我们由衷地为他们高兴。祖父和祖母拎着小皮箱，母亲一次又一次说着告别的话。英雄陵墓上的栗树被汽车开动后扬起的尘土笼罩着……一周我们会去营地探望自己的孩子一次——他们已经十四五岁了。我们十分仔细地询问他们吃什么，玩什么。得知食堂的窗玻璃被打碎了之后，我们发怒了：这样会让孩子们感冒的呀！总务主任干什么去了？我们刚向营地负责人表达了自己的愤怒，总务主任就带着工人赶来，安上了食堂的窗玻璃。

在我们的生活中，所有这些都显得十分平常，合情合理。为此，我们应该高兴。对于现在的生活，如果有谁还在感到遗憾，说什么艰难的日子对教育孩子更有利，那简直是在说蠢话。就让那种孩子们忍饥挨饿，一小块面包都能成为幻想的苦日子一去不复返吧！但是我相信许多做父母的都会对这些问题感到不安：的确，我们对孩子们的爱是一个巨大的、永远不会熄灭的火炬，但是回报的火花真的能在孩子们心里燃起来吗？孩子们能否感受到他们的幸福和快乐是父母用辛勤劳动和汗水换来的？许许多多和他们非亲非故、但像亲人一样亲近的"外人"正在为他们日夜操劳，他们又能否感受到呢？他们知不知道他们能够活下去是要依靠父母和这些"外人"的奉献的？我们对子女的爱是不是总是闪耀着人类智慧的光芒？明智的父母之爱究竟体现在哪里？

我亲眼看到我所教过的几百个孩子的命运，这使我坚信，我们做父母的要善于让孩子看到和感受到他们幸福生活的真正源泉在哪里。最明智的父母之爱莫过于此。

就其本性而言，儿童对幸福的理解是自私的。在他们眼里，长辈为他们创造快乐是天经地义的事情。在他们亲身体验到长辈的劳动和汗水是他们欢乐生活的最重要源泉之前，他们会一直认为父母活着只是为了他们。而这种切身体验需要成人的启发，永远不会自发产生。

曾经有一种广为流传的观点：远离生产劳动的知识分子家庭往往会出现好吃懒做、游手好闲、忘恩负义的儿女。这完全是无稽之谈，这个观点也早已被生活驳斥。事实上，铁石心肠的人往往来自那些溺爱孩子、对孩子百依百顺、对孩子没有任何要求的劳动人民家庭，包括工人家庭、集体农庄庄员家庭和知识分子家庭。这些诚实劳动的家庭中的父母都善良、热诚、明理、富有同情心，教育出来的孩子怎么会冷漠无情、毫无恻隐之心呢？乍看来这似乎有些反常，但没有什么不可理喻的：因为孩子是一个只知道寻欢作乐的人，所以他变得铁石心肠；索取和获得是他生活的全部乐趣——而这，恰恰就是家庭教育中最令人担心的事情。

3 明智的父母之爱

我认为，建设我们社会道德基础中一项非常重要、非常细致的任务是教育家长理智地爱孩子。遗憾的是，不仅许多家长，甚至一些教育工作者都把二者割裂开来，他们错误地认为公民的社会活动与子女教育无关。

公民最重要的、第一位的社会活动，也是公民应该履行的社会义务，是教育人，教育自己的子女，为社会培养人。我相信这个道理绝大多数家长都明白。在我们学校的一次家长会上，一个五年级学生的父亲说自己社会事务过于繁忙，腾不出手来管教儿子的时候，其他家长毫不客气地对他说："如果您都顾不上管教自己的儿子，那么您这个社会活动家简直就毫无价值。"没有时间教育儿子，实际上就意味着没有时间做人。

我们家长学校最重要的任务是让父母掌握父母之爱的真谛。家长和我们的谈话始终围绕着以下问题进行：怎样爱孩子才是明智的，在家庭里怎样做到把对孩子的关心、爱抚和严格要求结合起来。在谈话时我们很注意把握分寸，属于家长隐私的敏感问题我们不去触碰，只是努力帮助家长在精神生活最细腻的方面——疼爱子女上不犯错误。

没有理智的父母之爱只会给孩子带来伤害。娇宠放纵的爱、独断专横的爱、赎买式的爱是畸形的父母之爱的主要形式。

娇宠放纵子女是父母和子女关系中最可悲的一种，这种爱出自本能，却没有理智。父母像对待上帝那样盲目地宠爱孩子，对孩子跨出的每一步都感到高兴，但却忘记了去思考两个问题：这是怎样的一步？它将把孩子带向何方？

我曾亲眼见到过这样的场景：女邻居和谢廖沙的母亲站在院子里谈话，就在母亲的眼皮子底下，一旁的谢廖沙撒了尿，母亲却宠爱地说："您瞧我这儿子，谁也不怕。"

漫不经心的娇纵导致了可怕的后果，它使孩子随心所欲。娇惯出来的孩子没有"可以""不可以""应该""不应该"等社会生活中的基本概念。于他而言，似乎没有什么是不可以的、不应该的。最终，他成了一个为所欲为、几乎病态的人。野蛮人、下流胚和无赖汉的座右铭成了他的行为准则——谁也管不了我，我想怎样做就怎样做。哪怕生活对他提出了一个很小的要求，他也会感到难以承受。极端自私、不懂得自己对父母的责任、不会也不想劳动，是娇惯出来的孩子的共同特征。这样的孩子目中无人，感觉不到周围的人存在。即使是他最亲近的人——母亲、父亲、祖父、祖母的愿望、需要和各自的精神世界，他也毫不在意。一个极其自私的信念逐渐在他心中形成：他来到这个世上，他的存在本身，就已经是对父母的恩赐了。

去年秋天，一本文艺杂志上刊登了这样一幅照片：一些一年级的小学生走进教室，坐在各自的座位上；幸福的父母挤在教室门口和窗户外边，他们向教室里张望，满脸都是甜蜜的感动，同样地，这种感动也出现在女教师的脸上。"所有人都在非常感动地望着他们"，这应该是所有孩子都能感觉到的。此时此刻，他们心里想到的就已经是：他们来到教室，坐在课桌后面，就已经立下了很大的功劳。我看着这幅照片，产生了深刻的思考。

因为孩子，我们的生活有了很多乐趣；为了孩子的幸福，我们努力地生活和劳动。所有这些都是不争的事实。但是，给孩子们总是讲这些，甚至编成戏剧来宣扬，就是在把他们引入歧途，无异于在他们心灵深处放上一条蛀虫。我们做父母的如果不断向孩子灌输这样的思想：我们的快乐和幸福就是你呀！那么他就会越发地相信，他从我们这里获取物质和精神的好处，本来就是在为我们做大好事。他会认为，他可以做任何事情，我们做父母的应该满足他的一切愿望。任性和那种儿童式的虐待的种子就这样落进了孩子的心田，孩子的这些恶习也会在日后让父母痛苦不堪。

父母之爱的另一个变种是独断专横的爱，它也是本能的、非理性的。一九六七年一月二十二日的《工人报》刊登了九年级学生托利亚在绝望中写下的一封信。这个十六岁的少年的学习成绩经常是四分或五分；在家里，他努力去干所有该帮父母干的活，比如擦地板、洗餐具、为全家人洗衣和擦鞋。"父母给我穿好的，也操心让我吃好的。"托利亚在信中写道："但是，无论给我添置了什么新东西，他们对我的数落总是无休无止……"家庭的气氛经常因为责难而变得紧张，活像地狱，这让托利亚十分痛苦。但是父母却说他们完全是因为爱儿子，希望他幸福才这么做，他们是在教导儿子如何生活，是想让他更聪明，更尊重父母。

我知道一些家庭也像托利亚的家庭一样，这些家庭里的孩子活得很苦。蒙昧无知加上利己主义，构成了家长独裁的土壤。这些家长对待子女就像对待自己手中的一个物件：桌子属于我，那我想摆在哪里就摆在哪里；同样，女儿是我的，我想怎样对她就怎样对她。我认识一个父亲，他是这么对待他女儿的：他给自己十五岁的女儿，一个八年级的学生，买了一双时髦的鞋子和一件漂亮的连衣裙。他命令女儿把这双鞋放在做作业的桌子旁边，把裙子也挂在那里。他警告女儿：如果这学季结束时所有功课的成绩都超过四分，她才能穿上新鞋、新衣；但凡有一门功课低于四分，就休想碰它们。这位父亲已经专横到了这种程度！

难道还有比专横霸道、以控制别人为乐的人更让人厌恶的人吗？真是很难想象。

父母蒙昧无知、专横暴虐会导致孩子从小就曲解人的善良本性。专制，对一些微不足道的事情也要吹毛求疵，无休止地责难，在这种恶劣环境下长大的孩子会变得暴躁、执拗、凶狠无情，他们不再相信人，也不敢再相信人性。这是儿童、少年精神世界中最让人担心的东西。温暖是使孩子善良、理智、谦让、沉稳的源泉，但因为家庭的专横暴虐，温暖消失了。一个人如果在童年时期没有享受过家庭温暖，那么他在少年时期和青年时期会变得粗野和冷酷。

一些家长常常会对这样一个问题百思不得其解：为什么小时候那个温顺善良的儿子长大了却变得粗野、古怪、为所欲为？我绝对相信这是因为父母滥用家长权威，使儿童意识到暴力的存在，意识到暴力是压迫他的意志的凶恶力量。其实，利用自己的权威来激励儿童的内在精神力量——做一个好孩子的愿望，才是家长应该做的。每一个孩子都有这样的愿望吗？是的，答案是肯定的。为了使孩子娇嫩柔弱但积极向上的精神冲动不被挫败，家长应该非常谨慎地使用家长权威，应该尽可能地亲近孩子。如果您没有理智地使用自己的权威，反而把它变成了暴虐的专制，那么孩子善良的愿望就会破灭，孩子的心灵就可能发生最让人担心的变化。

想做个好人，这个愿望是人最细腻、最微妙的精神活动，请尊重儿童的这个愿望，要无比地珍惜它。亲爱的父母们，请不要滥用自己的权威，不要把本来能使父母变聪明的权威变成专制的大棒。记住，您的孩子是和您一样的人，如果有人试图把他变成自己可以任意施暴的玩意儿，那么他的精神反抗肯定会被激发。

不知道为什么有些家长会认为，在"适当的压力"下，孩子就会得到四分或五分。不少家长有一种错误的认识：他认为对孩子学习的评价也是对孩子德行的评价。这不仅使孩子受到了严重的伤害，有时甚至在摧残他们的心灵。盲目追逐分数的结果，是把对课业学习的评价和对人的道德面貌的评价混淆在一起。学校教育的一大不幸，就是把分数当作衡量教育是否成功的唯一指标。很多时候，教师和家长坐在一起商谈学生的教育问题，自始至终的关注点只有分数。所有这些都直接导致这样的结论：好孩子，就是那些拥有好分数的孩子；分数水平不够高，人也就不够好。

这种缺乏教育学知识的观点把人野蛮地肢解开来，人不再是品德、才能、志向、爱好等许多特征的统一体。遗憾的是，这种荒谬的观点已经渗透到家庭和社会生活中了。有一种观点正在被大量的文章宣传：三分，不仅意味着知识薄弱，也意味着它的主人是个无用的人。每每看到这一观点，我的愤怒之火就忍不住燃烧。

亲爱的教师同志们，该是我们坚定地对自己说"三分，这是对学生的学习完全满意的评定"的时候了。顺便说一下，如果这种正确的观点被所有教师支持，那么教育中就不会存在弄虚作假的事情，教师再也不会给不满意的学生也打三分，孩子再也不会被父母要求做力所不及的事情。我们要知道，孩子的能力是不一样的，有的孩子能轻松得四分、五分，而有的孩子付出了很多努力，却只能得到三分——我们即将普及中等义务教育，记住这一点就显得更为重要了。

父母之爱的第三个变种是赎买式的爱，这也是不理智的。有些父亲真诚地相信，作为家长，履行自己的全部责任就是满足孩子所有的物质需要。他们认为，可以用物质上的花费来测量父母对子女的爱，起码可以用金钱的付出来赎免自己对孩子的教育责任。只要孩子吃得好，穿得好，身体健康，拥有全部的课本和学习用具，那么他还有什么不满足的呢？

尽管这种现象为数不多，但还是应该提出来：有一些父亲

患了精神 – 情感冷漠征，他们不知道什么是父母之爱，在精神和情感上冷漠地对待自己的孩子。（母亲和孩子一般都保持着频繁的精神交往，所以母亲中几乎没有这样的人）这种现象的产生，与父亲的教育水平无关，根本原因在于他们认为教育孩子不是公民应尽的社会义务。

在这样的家庭里，如果孩子不能从母亲那里获得足够的关注，母亲不能成为孩子精神生活的中心，那么孩子就会被精神的空虚和贫乏笼罩。他们生活在人群之中，却不认识人，对人的丰富、细腻的情感——温存、同情、怜悯、仁慈，感到完全陌生，难以理解。最危险的是，他们可能成为完全不懂感情的人。学校对这些孩子负有很大的教育责任，他们应该在学校里接受专门的情感教育，这是教育学理论和实践的一个重大课题。遗憾的是，教育学没有研究这个课题。学校也没有专门研究如何教育这些由于家庭原因而情感冷漠、精神空虚、失去个性的孩子。学校做的，最多不过是帮助这些"谁也不需要"的孩子取得好的学习成绩。

那么，真正的父母之爱究竟是怎样的呢？

4 手捧鲜花的人

我们究竟应该怎样去爱自己的子女？为了使他们成长为真正的人，我们应该在他们的心灵里留下些什么？怎样才能在他们心里燃起对父母之爱永不熄灭的感谢之情呢？怎样才能把父母给予子女的一粒粒细小的金沙变成造福于人民的黄金富矿？

把孩子造就成人，是一项非常艰苦的劳动，而其中最复杂的工作，是教孩子学会认识人、理解人。真正的父母之爱应该是这样的：父母要用自己的爱来激发、引导孩子关心周围的世界，关心由人创造、为人服务的一切事物；当然，首先要引导孩子关心的人应该是自己。我坚信，帮助孩子与其他人建立最富有人性的关系，培养他敬重人，首先是敬重父母这种纯洁、高尚的情感，是在孩子心灵中培养人的高尚品质的开端。

"学生"这个标签，从孩子们一跨进学校的大门起就被贴在了他们身上。在学校生活的最初几年，学校和父母保持密切联系具有特别的意义。在这里，我要强调这种密切的联系是指学校和父亲、母亲两个人建立联系，而不是其中一方。校长、教师和父母每周的个别交谈，都是在和家长一起思考：为了让儿童切身体会到自己是生活在人群之中的，还应该让他积极地做些什么。我们的每一次深思、每一个建议，都是造就人的创造性劳动。

我们和家长的共同努力，使学校生活，特别是小学阶段的生活成为培养孩子诚挚和善良品性的学校。在这所学校中，最重要的课程就是关心他人的幸福，为别人创造美好生活。神奇的教育力量存在于所有能给孩子美的享受，能使他们快乐、满足的事物之中。我们教育孩子们为家庭、为父亲和母亲、为身边的其他人创造美好生活。

欢度玫瑰节是每个家庭在每年秋天都要做的事情。这里我也要强调，玫瑰节首先是家庭的节日，然后才是学校的节日。在这一天孩子们并不集会，所以那种违背儿童天性、缺少孩子真情、刻意造作出来的庄严气氛并不会出现。在我们这里，虽然孩子们主要在家里度过节日，但是学校也会帮助他们做好准备。

玫瑰节这天，在自家宅院里种上几株玫瑰，是每个孩子都要做的事情。我们要做的就是帮孩子们把花苗准备好，并对他们说："孩子们，把花苗拿去栽上吧！你们要把它们照顾好！有了玫瑰花，你们的家会变得更美，你们的父亲、母亲、祖父、祖母也会拥有更多的欢乐。"

孩子们栽下了玫瑰花苗，他们要常常提醒自己：浇水的时候到了，防冻的时候到了，土也该松一松了。其实他们还没有养成为这些事情操心的习惯，也缺乏坚持下去的毅力。对于他们来说，教师描绘的繁花似锦、芬芳馥郁的情景实在是太遥远了。孩子们没有耐心去等待，也没有实现这幅远景的本领，这就需要我们教他们，在劳动中教他们。

终于，出现了第一个花蕾，紧接着是第二个、第三个……一朵朵相继开放的玫瑰，有的血红，有的粉红，有的深黄，有的浅黄，在灿烂的阳光下鲜艳无比，香气扑鼻。这时候孩子们高兴极了，两眼闪烁着幸福的光芒。他们感受到一种前所未有的快乐。这种快乐不同于收到父母礼物时的快乐，不同于闲暇休息时的快乐，也不同于外出旅游即将出发时的快乐。

这是一种为了最亲爱的人——父亲、母亲、祖父、祖母做了好事后获得的快乐。做好事本身就是一件非常美好的事情，所以它能触动孩子们的心灵，使他们如此感动和喜悦。孩子的耐心，在他焦急地等待着花蕾开放的时候就逐渐形成了。对于孩子来说，如果有谁摘下他准备送给母亲的花朵，这简直就是灾难。一个人如果从来没有体验过这种痛苦，他就算不上一个真正的人。

对我来说，最让我感到幸福的事情，就是看到孩子们摘下玫瑰送给母亲时的那副高兴的模样。这时候，真正的人性光芒，从孩子们的眼睛中焕发出来。来自内心深处的欢乐——为别人创造幸福的欢乐，使他们的眼睛熠熠生辉。

有了这种美好的情感体验后，孩子们对美也就产生了新的认识。在他们眼里，人们辛勤劳动的成果包括花满枝头的苹果树，正在成熟的一串串葡萄，静息无声、仿佛正在沉思的朵朵菊花，等等。这样的孩子在良心的感召下不会随便折断树枝，揪摘花朵。

关于应该怎样爱孩子，应该在子女的心灵中留下什么，索洛乌欣①美丽的诗句告诉了我们答案——"手捧鲜花的人做不

---

① 弗·阿·索洛乌欣（1924—1997），苏联当代著名作家、诗人、小说家、翻译家，《手捧鲜花的人》是其诗集之一。——译者注

出坏事"。亲爱的父亲们、母亲们，如果我们已经将爱人——爱父母和其他所有人的火种播种在孩子们的心田上，那他们就有了做个高尚、善良的人的愿望。为了使这人性的火花越烧越旺，父母的爱应该像一阵阵清新的风，吹进孩子们的心灵。

学校生活的第一年已经过去，孩子们已经升到了二年级。这时我们和孩子们一起修建知恩果园。这个果园是为了那些在土地上辛勤劳作了四五十年，甚至七八十年的老人们修建的。我们选择一块荒芜贫瘠的土地，给它施上肥料，然后栽上葡萄、苹果、梨子和李子。为了增加土壤的肥力，我们需要运来几十吨的淤泥，这个活儿可相当费力。好在有一个崇高的目的——我们将给人们带来快乐，鼓舞着我们。这种劳动也让我们自己快乐。

知恩果园里的第一批果实成熟了，村里受尊敬的亲人——祖父们、曾祖父们被孩子们请到了果园。亲爱的家长们，让你们的孩子也走上这条道德发展之路吧！让他们的劳动也充满崇高的精神吧！你们会发现，当知恩果园的果实被他们摘下来献给在土地上劳动了半个多世纪的老人们时，他们会有一种自己正在攀登道德发展的第一个高峰的感觉。这个瞬间会给他们留下终生难忘的美好记忆。

当孩子们能够体会到无私奉献的快乐时，他们也就拥有了一笔珍贵的精神财富：能够用自己的心去体察别人的需要，知道应该在什么时候、什么地方帮助一起生活的同伴、朋友和新人。在马克思眼里，一个自由人的最伟大的精神财富就是需要人，希望帮助别人。当这种需要产生后，孩子们就会敏锐地观察身边发生的各种事件，周围人们的行为举动以及他们之间的相互关系都会成为孩子们的关注点。体验过做好事的快乐的孩子，是多么体贴父母哇！因为知道父母工作劳累，所以他们懂得让父母休息；他们尽量使家里清洁、美观、宁静、温馨，因为这是让父亲、母亲精神充实、愉快的最重要的条件。体验到为人创造幸福是多么快乐的孩子们深深地知道，父母会因为自己的不良行为或差劲的学习成绩而伤心。而在这些孩子看来，让最亲爱的人为自己操心，是不道德的、恶劣的行为。

有些行为看上去没有什么不好，但是那些诚挚而富有同情心的孩子们却从中看出了恶迹。有一次四年级的科利亚对我说："我要好好学习，我的妈妈有心脏病。"他很清楚，母亲会因为他的计分册上不好的分数而难过，而他希望母亲心情宁静、愉快，没有任何的不安。因此，他觉得可以用自己的劳动成果来抚慰母亲。

孩子能够好好学习，应该是父母最为企盼的事情。那么，怎样才能激起孩子好好学习的愿望呢？孩子学习的强大动力，是给父母带来幸福和快乐。但他愿意为了父母快乐而努力学习的前提是，有了使别人快乐自己也快乐的体验。我深信，只要我们激发孩子为别人的幸福做好事的愿望，引导他敏锐地观察周围的世界，培养他体察别人精神世界的能力，孩子就会努力学习。

我想起了一位名叫卓娅的小姑娘，她备受母亲疼爱，母亲对她几乎是百般娇宠。母亲得了重病，病情时好时坏，身体变得非常虚弱。我们希望她学会体谅母亲的忧伤和愁苦的心情，这也是学校教育的一个重要任务。我们得让她学会从母亲的目光、说话的语气和一些特别的动作中敏锐地察觉到母亲正在经受的痛苦，然而让一个心灵从未体验过感动的孩子做到这一点非常困难。

卓娅所在的三年级准备沿第聂伯河做一次为期五天的有趣旅行。卓娅的母亲很不舒服，但还是尽量装成没事的样子，来到学校，询问应该为女儿准备些什么。我们费了很大的力气，才说服母亲：卓娅不能把病重的母亲一个人留在家里，她最好哪里也不要去。我从教室里叫来了卓娅，劝她不要去旅行了，但她听了之后大哭不止。

"你难道没有看到妈妈病成什么样子了吗？"我问，"她的病情已经很重了，难道你看不出来她为了装出健康的样子已经费了多大的力气吗？"

小姑娘望着我，满脸困惑。

"我从哪里知道这些？"卓娅说着这话，语调非常冷漠，"你不知道，我妈妈从来都不告诉我她是健康还是有病。"

　　因为自己不能和同学一起去旅行，卓娅非常不高兴。她懂得不能把妈妈一个人撂在家里不管的道理，但心里依然很不情愿。真正的不幸就在这里。我为了唤醒小姑娘这颗冰凉的心，花了不止一年的时间。我告诉她要注视别人的眼睛，因为眼睛是人心灵的一面镜子；告诉她应该为什么事情高兴，为什么事情忧伤；告诉她要善于觉察别人的境遇……

　　有一次我和卓娅在集体农庄的甜菜地里干活，和我们一起干活的还有八位集体农庄的女庄员。我告诉卓娅，其中一位母亲，她的三个儿子都在前线牺牲了。这位母亲心中的伤痛，并不会因为时光的流逝而有丝毫的减轻。看着这位母亲的眼睛，但凡是个有同情心的人，都能深深感受到她内心的痛苦。卓娅结识了这位英雄的母亲……这一天在她心里留下的印迹一生都不会磨灭。卓娅变成了一个温柔、体贴、细心的女儿，每天晚上都在家里陪伴母亲，尽其所能让母亲快乐。

　　如今的卓娅早已成年，嫁了人并且有了个儿子。去年秋季的一天，卓娅急匆匆地赶到学校，上气不接下气地对我说："有人需要帮助，我担心会出事情，走，快跟我走！"等稍微平静以后，她告诉我，有一位悲伤欲绝的老人正坐在森林里的老树墩上，佝偻着身子，什么也不看，什么也不听。"他的眼睛充满了悲伤和痛苦，我们必须赶快去他那里。"卓娅最后这样说。

我们赶到森林后发现，老人是我们镇上的居民，他遇到了极大的不幸：三天以前，他埋葬了自己的妻子。他的兄弟和儿子都牺牲在前线。如今，他没有一个亲人，孤苦伶仃……我们把老人送回家，但他因为害怕孤独而不愿进屋。于是后来，老人家里每天都会来一些少先队员，像亲人一样陪伴他。卓娅和老人成了朋友，和少先队员们也结下了友谊。在老人家旁边的空地上，孩子们开辟了一个很大的玫瑰苗圃。老人有一次这样对我说："如果没有卓娅和孩子们，我可能已经不在人世了。"

作为父亲，你应该经常问问自己这个问题：我们究竟应该在孩子心里留下些什么？几千年来，为人的伟大尊严而斗争的历史中，劳动人民历尽磨难，创造出了宝贵的精神财富。我们应该把这些财富留给孩子们。在一个正在建设共产主义的社会里，对人的创造，就是最伟大、最光荣的创造。这一点，我们应该永远牢记。

给父亲们的寄语

冬天的晚上，常常有些学生的父亲来学校和教师们聊天。于是我们就围坐在一起谈论一个特别的话题——男人在家庭中的崇高使命。在子女的教育中，父亲常常起着特别重要的作用，所以这种谈话很有意义。

实际上，如果自己的父亲是个坚强刚毅、承担得起家庭责任的人，那么孩子们是多么幸福哇！但愿每个做父亲的都知道并且能够理解孩子多么需要他，多么希望他是一个既聪明又勇敢的男人！

（二十世纪）五十年代初，我们学校有两个女学生是好朋友，她们两个都在上二年级。那个叫娜达莎的小姑娘从小就失去了父亲。她在很小的时候，就常常问母亲："父亲呢？我的父亲在哪里？"每到这个时候，母亲总是难过地不说话，有一次甚至大哭了起来……自从上了学，懂事的娜达莎就再也没有在母亲面前提起父亲了。

娜达莎的朋友——娜斯嘉是个令人羡慕的孩子，她既有父亲，又有母亲。有一次在娜达莎家做客的时候，娜斯嘉问娜达莎："你的爸爸呢？"小姑娘不好意思说自己没有父亲，便撒谎："我爸爸是个飞行员，他总在外面开飞机，很少在家……"母亲每天都会给娜达莎午饭钱，但娜达莎每天都会拿出几个戈比放在一边存着。有一天，她坐上公共汽车进城，买了一顶飞行员的帽子……如果她的分数册上的分数不大好看，她就会对朋友们说："哎呀，我这回又要被爸爸责备了……"听娜达莎的口气，她不是在害怕，而是在为自己的父亲自豪……

现在娜达莎长大了，拥有了自己的家庭，身边有丈夫和两个女儿的陪伴。我记得，这位年轻的母亲在送自己胆小的女儿上学那天，曾对我说：

"您很难想象，我在小的时候，多么渴望有个父亲哪！为了让我自己活得轻松一些，我在自己的想象中创造了一个父亲。我想象中的父亲善良、严厉，对我要求非常严格。那个时候，如果他能从我的想象中走出来，拿起我的日记本对我说：'喏，我的宝贝女儿，你写的这些是什么呀……'该有多好哇！每次生病我心里都特别难受，那个时候我多么希望我的床边有一个高大强壮的男人，一边用手抚摸着我的头，一边说：'没关系，女儿，你的病很快就会好的……'"

在伟大的卫国战争中，许多战士光荣牺牲了，而他们的孩子，很多我都认识。如今，他们已经长成大人了，但是父亲留下的物品仍被他们珍藏着：星形勋章、皮带、手帕、钢笔、烟荷包、书包……在他们眼里，父亲的遗物是最神圣、最珍贵的宝物。

　　我永远也不会忘记小谢廖沙。他的父亲牺牲在喀尔巴阡山战役中。他的母亲在收到装在蓝色信封里的阵亡通知书后哭了很久。战争结束后，士兵们从前线回来了。在一个炎热的夏日，一个长着小白胡子的士兵走进小谢廖沙家的院子，把他父亲牺牲时的情景叙述给他的母亲。"你的父亲是机枪手，是被法西斯的炮弹杀死的。"士兵对小谢廖沙说，"在我忠实的朋友牺牲的地方，我只找到了他的一个汤勺。"说着，他把汤勺递给了小男孩。

　　这件事已经过去许多年了，现在小谢廖沙也成了一名战士。在部队服役的三年里，那把父亲用过的铝制汤勺始终和他形影不离。如今，小谢廖沙也组建了家庭，有了三个儿子，家中最显眼的地方一直放着孩子祖父用过的汤勺。我相信，那个地方会永远放着那把汤勺。

　　如果要评价一个父亲是否是好公民，他是否能成为自己孩子学习的榜样，首先就要看他是否承担起了对孩子的责任。

家庭中的关系历来就是这样：父亲的道德面貌集中体现为他为子女的健康、平安、幸福而付出的劳动。一个男人，越是自觉地承担起这份责任，他的道德面貌越是高尚，他也就越值得自己的子女效仿。

父亲是孩子最亲、最爱的男人。父亲对孩子的出世、孩子在生活中跨出的每一步、孩子的每一个行为都负有责任。在父亲的身份里，包含着使父母共同创造的新人道德日臻完善的伟大天职。

希望所有的父亲都能记住：父亲对儿女的负责态度，决定了他们是否听话、遵守纪律。父亲为人民效劳，对祖国忠心耿耿，孩子们就会为此感到骄傲。他们会无比珍惜父亲为祖国做过和正在做的一切、父亲用心血和智慧为祖国创造的物质财富和精神财富。

人们常说："儿子要有自己的根。"父母的根、父母的功绩和荣誉不应该是儿子赖以生活、赖以向人民索取财富和特权的资本。如果儿子成为了寄生在父母身上的野草，那么一定是因为他只有父母的根，而没有自己的根。父亲对社会的贡献越大，儿子就越需要有自己的光彩。儿子要以父亲为榜样，忠实于崇高的理想，为实现理想而诚实地劳动，放出属于自己的光彩。

让每个学生都在自己父亲身上发现那些具有永恒价值、足以使自己和家庭自豪的品德和精神，是我们教育工作的目的。培养学生公民荣誉感不可缺少的重要一课，就是让他们认识自己父亲的道德财富。

我们来看看这样一个例子。

暑假里，父亲对别佳说："儿子，跟我走。我们一起到我那块土地上去看看。"

"什么，是您自己的土地吗？"儿子问。

"是的。"父亲回答。

他们先乘火车，又乘汽车，还走了很久的路，最后来到森林旁边。那里有一片宽阔平坦的土地，土地上面长着的麦子已经抽穗。

"我的土地就在这里。"父亲说道，"我曾在这里和法西斯匪徒战斗过，并把他们从这里赶走。我曾经在这里流过血……你看，受伤后我就躺在那个地方。"

儿子用全新的目光严肃地注视着这片在他看来再普通不过的土地。他沉思着，可能正是在这个瞬间，他终于领悟了什么是为人民效力。就是在这片土地上，他发现自己的父亲原来是祖国忠实的保卫者，是一个勇敢的人。我相信，如果每个做儿子的都能像别佳一样，在看过了这样的土地以后，总是用充满爱意的目光注视自己的父亲，那就不会再有不尊重父亲、不听从父亲教导的儿子了。

我们再来看另一个例子。

二年级小学生皮利普卡的父亲也曾和法西斯匪徒战斗过，获得过"战斗功勋"奖章。父亲常常在冬天的晚上给他讲自己在战争年月走过的艰苦路程，讲大雪和沼泽地里的战壕，讲战士们怎样勇敢地和敌人拼杀……

一天晚上，听完父亲的故事，皮利普卡该睡觉了。但他翻来覆去睡不着，感慨地说："您得到这枚奖章太不容易了！"学年结束后，小男孩拿着一本有着漂亮画页的书回到家里——这一年里，他学习成绩不错，书是教师发的奖品。母亲微笑着翻看这本书的时候，一旁的皮利普卡却不说话。

"你怎么了？难道对教师发给你的奖品不满意吗？"母亲惊奇地问他。

"您要知道，得到这个奖品并不难！"小男孩回答道。

不仅是父亲，我们当教师的也应该认真思考一些问题。在培养孩子们热爱、尊敬长辈（包括父亲）的感情时，我们教师应该非常敏感和有分寸。很多时候，我们不大关心怎样使"困难""很好""必须"这三个概念在孩子们的头脑中融为一体。

一年级学生正在教室中上课。女教师按顺序一个个询问学生他们父亲的情况。女教师一边听学生回答，一边在小本子上记着什么。轮到佩佳的时候，他的脸色变得苍白。

原来，就在前一天，小男孩放学回家路过酒馆时看见了自己的父亲。当时父亲趴在路边的栅栏上，醉醺醺地呆望着地面。佩佳哀求父亲："爸爸，跟我回家吧！"路边的行人望着他们，佩佳感到非常难为情……

阳光灿烂，田野上的拖拉机正在轰鸣，这个世界看上去宁静而幸福。可是，如果你是佩佳，你不光要为酗酒的父亲哭泣，还要胆战心惊地等着教师的盘问，这时的你还能感受到幸福吗？我们是否时时都能想到，在这样的时刻，小男孩会对所有光明、正确、使人快乐的事情失去信心呢。我从一个少年那里借来了一个词——正确的。当他讲述自己家庭的忧愁时用到了这个词。对"正确的"东西失去信心，就谈不上真正的教育。当孩子丧失信心的时候，他会表现出不听教诲、不讲礼貌、举止粗鲁等行为。孩子只有在充满信心的时候才会感受到幸福。

如果有人问我在工作中什么最困难，我会这么告诉他：和孩子们谈论他们的父亲母亲是最困难的一件事情。因为这里最细小的失误和疏忽都有可能导致极其有害的后果。

教室里一片寂静，孩子们都在画画。突然帕夫利克大声地喊："米佳的爸爸进监狱了！"帕夫利克和米佳是邻居，他从母亲那里得知了米佳父亲被法庭定罪的事情。在这个孩子看来，这是一个有趣的消息，他的心里藏不住。

突如其来的事情让我没有时间去思考。我看到米佳的脸已经涨得通红，他手中握着的那只用来画画的铅笔也在不停地颤抖。

"这有什么值得奇怪的吗？"我对孩子们说，"米佳的爸爸是个玻璃工，你们应该都知道吧。他来咱们学校安装过窗户的玻璃，你们还记得吗？监狱里也有不少窗户需要安装玻璃，这活儿可不是一天两天能干完的。"

感激的神情几乎要从米佳的眼里溢出。

其实经常会出现这样的情况，孩子仿佛被一把尖刀逼住，他大惊失色，完全被吓呆了。当孩子们希望能藏着、掖着的家里的一些隐秘的事情突然被张扬出来时，孩子们的心情就是这样的。这个时候就能突显出教师的天职——保护儿童的心灵。

这就是我为什么要告诉父亲们，你们必须知道孩子把你们的堕落看成自己的灾难，把你们的快乐也当作自己的快乐，孩子的心情你们必须要理解。你们要珍惜孩子对人的爱，要巩固孩子对人的信任。

我们在孩子身上延续自己

从古至今都有这样的说法：好孩子是父母的光荣和骄傲，坏孩子带给父母的只有灾难和痛苦。自古以来，渴望做父亲或母亲就是人在精神和道德上的激情，为人父母被他们看作最大的幸福。他们希望在孩子身上延续自己的生命，希望孩子能够继承先辈和自己创造的精神财富，把它一代代传承下去并发扬光大。

我来给你们讲一个发生在第聂伯河边一个古老村庄里的真实故事。

在这个村子里住着一位老妇人，她生了五个儿子和七个女儿。每个儿子、女儿都给她生了几个孙子，每个孙子又都有两个或者三个孩子，只有一个叫维拉的孙女，出嫁好几年了，还没孩子。

夏日的一天，全家人欢聚一堂，为一百零七岁的老祖宗——整个家族都这样称呼她，庆贺生日。在苹果园里，她被儿子、孙子、重孙簇拥着，接受他们的祝福。子孙后代们祝愿她身体健康、精神旺盛，称赞她老人家思维清晰、目光敏锐、说话公道。老妇人环视四周，发现所有的亲人都来了，唯独维拉不在。老妇人心疼起来，刚刚想问："怎么维拉还没来？"就看见一个女邻居跑了过来，先问候了老妇人，然后报喜说："生了，维拉生了一个儿子！"

老妇人深深地舒了一口气，脸上露出满意的微笑，她注视着每一个人的眼睛，轻轻地说："我现在要走了。"于是，这个世上最幸福的人去世了。

多年来，我每天都要接待一些父亲和母亲，其中有些人是欢欢喜喜地来告诉我谁家生孩子了，谁家的孩子也快要做母亲、父亲了。我十分珍惜家长对我的这份信任，他们遇上什么高兴或者麻烦的事都来找我，甚至告诉我他们内心深藏的秘密。一年又一年，我越来越相信，人的第二次生命的开始就是成为父亲或母亲。

有一件激动人心、使我深受教益的事情，任何时候我都不会忘记。我们学校曾经有个叫斯切潘的男孩，让教师们记忆深刻，他善良、热心，但是非常淘气，调皮得简直让人难以忍受。许多年过去了，斯切潘成年并且成婚了，他留给我们的印象也逐渐淡漠了。然而，有一天，我们一共五名教师正在教员休息室休息，突然看到一个没戴帽子、手里拿着一瓶香槟的人兴冲冲地闯了进来。原来是斯切潘。他请求大家原谅他的唐突，并且激动地把他的来意告诉大家。

"今天是我大喜的日子，我刚从医院接回了妻子和女儿。亲爱的教师们，今天我好像突然脑子开窍了，我突然明白了对别人负责的人才是真正的人，这让我想起了自己的学生时代。当我第一次看见女儿的小脸庞时，我眼前就突然出现了学生时代的自己。请你们原谅我这个不懂事的人，原谅我曾让教师们那样为我操心。如今，我终于明白了你们劳动的意义。我知道你们懂得怎样教育孩子……请你们教教我……"

他还说，他和妻子说好了，把女儿的名字定为奥丽佳·彼得罗夫娜——他的启蒙老师的名字。于是，我们高兴地到他家去祝贺那位幸福的母亲。

几天过去了，几个星期又过去了……斯切潘经常带着自己的疑问来我这里询问他们对奥丽佳的教育是否正确，或者告诉我孩子已经半岁了，已经学会走路了，已经在咿呀呀学说话了……看到他激动的样子，听到他问的问题，我非常高兴。但最让我高兴的，还是他的责任感。斯切潘向我们倾诉他的感情时说道："无论我走到哪里，无论我在做什么，家，还有摇篮里的奥丽佳总是深深地让我牵挂，好像有谁在不时地提醒我：'你要是长时间不在家，家里会出事的……'"

这位年轻的父亲总是带着自己和孩子母亲的快乐、担忧及疑虑来找我。每一次见到他，我都会立即问道："孩子怎么样了？"奥丽佳喜欢上了曾祖母玛利娅，这大概是最让孩子父母高兴的事情。奥丽佳乐于在曾祖母做事情的时候给予她帮助，曾祖母也把曾孙女的帮助当作一件非常严肃的事情。奥丽佳在和曾祖母的交往中学会了一些思想深刻而富有细腻、美好感情的话语：我们在工作呢；我们正忙着呢；我们现在很困难；我们已经累了；我们该休息了……小姑娘用这些话来表达自己对曾祖母的喜爱、依恋和信任。我仔仔细细地查看这个家庭教育孩子的方式。我高兴地看到，他们的孩子是在劳动活动中认识世界的。因此，孩子在了解事物和现象的过程中，也逐渐在心中形成了道德评价的标准。别看孩子年纪很小，但她很清楚自己喜欢什么，不喜欢什么。小姑娘对自己周围的事情有自己的态度，她尤其不喜欢游手好闲和做事马马虎虎。

曾祖母卧病在床时，奥丽佳第一次体验到了人的无奈与痛苦，她常常暗自哭泣。有一天，一大清早，年轻的父亲便十分激动地跑来问我："奶奶快去世了，怎么办呢？不让五岁的奥丽佳看看临终的亲爱的人，这样做是不是不太好哇？"我告诉他："认识生活要从认识人开始。生命火花的熄灭——祖父、祖母的衰老和死亡也能教育孩子。不要把孩子从人的世界拉走。"

假如你们做父母的正在竭尽全力，让自己的孩子有做一个好人的愿望，让他懂得珍惜自己的尊严，假如你们希望孩子坚决地服从父母的话语和意志，那么就把一个完整的生命之树从小呈现在他的面前——从最细小的根须，到正在干枯的枝叶。

我努力传达给父母的教育智慧的精髓，是认识生活，珍惜生活，不让生活受到玷污，不让人的尊严受到亵渎、蔑视和憎恨一切卑鄙龌龊的东西。当我在家长学校给未来的父亲、母亲上第一堂课时，总要对他们讲述下面这个故事。

这已经是很久以前的事情了。在乌克兰的一个村子里，姑娘们和年轻媳妇们决定向乡亲们展示自己的手艺。她们约好，在星期天那天把自己亲手制作好的最精美的手工产品带到集市上。到了那一天，集市上聚集了村里所有的姑娘、年轻媳妇，她们带来了很多非常精美的展品：绣花手巾、花边、亚麻布、桌布……有钱人家的妻子、女儿带来了用金线、银线绣出的绸缎罩单和镶着精致花边、织有漂亮鲜花和小鸟的窗帘。村民们推举出几位最有威信的老大爷、老大娘，请他们评判村里最能干的女人是谁。老人们面对这么多心灵手巧的年轻妇女和这么多精美绝伦的产品，眼睛都看花了。

但是，出人意料的是，最后的胜利者是铁匠的妻子玛丽娜。尽管她的针线活干得很好，但她没有带来任何手工制品。她带来了七岁的儿子彼得鲁斯，而彼得鲁斯带来了自己用木头雕刻的百灵鸟。只见这只百灵鸟被小男孩放到唇前，立即就像一只活的小鸟，啁啾地唱起"歌"来。所有在集市上的人都停下脚步静静倾听，就连正在蓝天中飞翔的百灵鸟也被地面悠扬的"歌声"吸引，跟着一起唱了起来。

"聪明、善良、勇敢的人由谁创造，谁就是最能干的人。"老人们这样说。

在家庭里，父母小心翼翼地触及和培养孩子的心灵和智慧，就是在书写我们称之为社会教育的这本大书里最智慧、最复杂、也最简明——因为每个父母都能理解——的一页。如果把社会比作一座大厦，那么组成这座大厦的砖块就是一个又一个家庭。砖块结实，大厦就坚固，如果砖块一碰就碎，大厦就成了危楼。造成家庭脆弱的最主要的原因在于父母缺乏责任感。如果您没有孩子，您就只是一个普通的人，但如果您有了孩子，您就得肩负起十倍甚至一千倍的责任。在我们对家长的教育工作中始终贯穿着一个思想：在您赋予一个人生命的同时，您也对人民承担了一份责任。

对幸福、快乐生活的歪曲理解，是造成父母行为轻佻、没有责任感的恶习的根源。谁要是不善于在自己孩子身上延续自己，谁就应该想到年迈时等待他的将是什么。

人最难承受的一种痛苦就是老年孤独。有些人年轻时就像蝴蝶在花丛中飞来飞去，老来却一无所有。想要理解这种孤独的痛苦，恐怕只有深入到这些人的内心世界里。下面这个故事，请你，无忧无虑的年轻人，也请你们，又在生活的花园里采摘到一枝更鲜艳的花朵，因而对曾经爱过的妻子——自己孩子的母亲——失去爱意的父亲们好好听一听吧！这是我曾经不得不介入的一个真实的生活事件，我把它原原本本地讲给你们听，只是不能说出这些人的名字。

曾经有一个三口之家，家里有父亲、母亲和儿子。有一天，父亲突然抛弃了妻儿，这位父亲既没有说他去哪里，也不说为什么这么做，就这样离开了。此时，儿子还不满一岁。

母亲的生活，因为父亲的出走而变得很艰难。每天早上，她先用童车把儿子推到托儿所，然后自己匆匆去上班。

儿子长大后，母亲不再用车推他，而是领着他一起走到幼儿园。逐渐懂事的儿子看到别的孩子不仅有母亲，还有父亲。儿子对于这个发现感到非常震惊，于是和母亲有了以下这些对话：

"别的孩子都有父亲，为什么我没有？他们说，没有父亲就不会有孩子，真的是这样吗？"

"是这样的，孩子的出世必须要有父亲的参与。"

"您的意思是，我也有父亲，对吗？"

"准确地说，是你曾经也有父亲，可是后来他离开了。"

"他离开的原因是什么？"

"因为他不再爱我们了。"

"不再爱，是什么意思？"

怎么能指望对一个三岁的孩子说清楚这样的问题呢？

母亲只好说：

"等你长大一点就会明白的。"

一年过去了，两年过去了。五岁的儿子又问母亲：

"妈妈，我的父亲爱他自己吗？"

"相比于对我们的爱来说，他对自己的爱更少。他不仅不爱自己，而且也不尊重自己。"

"尊重自己，这是什么意思？"

母亲试图给他解释，但是如此复杂的东西，五岁的孩子暂且理解不了。

两年后，七岁的儿子又问母亲：

"妈妈，尊重自己，这是什么意思？"

"把自己留在土地上，留在自己孩子的身边，这就是尊重自己的意思。"

"但是，难道他，父亲，不懂这个道理吗？"

"以后，到他年老的时候，他会明白的。"

母亲在儿子满七岁那一年再婚了。母亲在一次和儿子单独相处时，对他说：

"这个男人爱我，我也爱他。如果他喜欢上了你，而你也爱上了他，或许你会成为他的儿子，而他，就是你的父亲。但是现在你不要叫他父亲，但也不要叫他叔叔——这样不好。你对他说话时称呼'您'就行了。"

母亲的第二个丈夫善良、热诚，却不被孩子信任。儿子总是这样想："一个没有他我就不能出世的人都没能成为我的父亲，难道另外的人就能做我的父亲吗？"这个念头使他心情很沉重。

有一次儿子生病，昏睡了几天几夜，只是偶尔清醒一阵。有一天夜里，他感觉自己好了一些，他睁开眼睛，看见坐在跟前的继父正握着自己无力的手在哭泣……他立刻闭上眼睛，希望能够永远保留这个瞬间。时间一分一秒地过去了……他感受到抚摸着自己的手的这个男人，希望自己恢复健康。想到这里，儿子的心因为幸福而变得温暖。他再也不能闭着眼睛装睡了，于是笑着睁开眼睛，轻声说：

"我想叫你父亲，可以吗？"

几年后，极大的打击降临在这个幸福的家庭中：母亲因为患了不治之症，在床上躺了整整十年，全靠丈夫和儿子的精心照料。母亲在儿子二十三岁那年去世了。儿子结婚后也生了一个儿子。虽然继父开始衰老，但是儿子仍然热烈、真诚地爱着他：一定等继父回家后，家里的人才开饭；儿子不会在没有继父出主意的情况下决定任何事情。

有一天，全家人正在吃晚饭，听到有人敲门。门开后，一个老人走了进来。

"你还认识我吗？"

"不，我不认识您。"

"你是我的儿子呀！"

一瞬间，所有的往事浮现在儿子脑海中。他回答说：

"对我来说，您只是一个老人，而我的父亲，就坐在这里……"

"但是，我真的是你的父亲哪！"老人哀求起来，"收留下我吧！”

"好吧，那您就住在我们这里，"儿子说，"但是，我既不能爱您，也不会尊重您，更不会称您作父亲。"

就这样，他们一起生活在一个周围长满了苹果树和樱桃树的大屋子里。

温暖的夏日，全家人围坐在果园里有说有笑，而那位老人却独自待在自己的房间里。坐在窗前的他，低垂着长满白发的头，哭泣着。

这个真实的故事，请你们好好想一想吧，父亲们。准备步入婚姻殿堂的年轻人们，你们也要想一想。建立一个家庭并使它稳固，依靠的是爱情的力量——父亲、母亲、孩子之间忠贞不渝的爱情。伟大的思想家和艺术家陀思妥耶夫斯基说过："家庭是用永不间断的爱情劳动建造起来的。"是的，爱情不是外来的灵感或者领悟，爱情是艰巨的劳动。竭尽全力，在孩子身上再现自己，把自己内在的精神美在孩子身上延续下来，这就是爱情劳动。如果您真正爱自己的孩子，如果您忠实于他们，即使是岁月流逝，您对妻子的爱情也不会因此而减弱，相反，它只会变得更加深沉和专一。爱情，这是勇敢精神创造的娇嫩、柔弱、任性的孩子。你必须做一个在爱情上勇敢的人，才能在自己孩子身上延续自己。

使自己长大成人

 你七岁了，是一个刚刚上学的孩子

　　父亲和母亲都认为你还太小，无法保护自己。的确，你需要成年人经常的照料、关心和保护，否则你无法对付这个纷繁复杂的世界。你确实还小，但是千万不要忘记，十年之后，在你中学毕业的时候，你就是一个大人了。葡萄藤上的这根枝条，你看见了吗？留心那上面的叶子，当它们第十次凋零的时候，你就不再是个七岁的不懂事的小傻瓜，而是一个独立的劳动者、战士、一个未来的父亲。而你，小姑娘，到了那个时候，只怕也要为了自己亲爱的小宝贝——儿子或者女儿操心了。十年岁月，对于你这个七岁的孩子来说，简直漫长得不能想象，儿童意识里的世界就是这样……不过对于你们的老师来说，十年可没有你们想象得那么长久。他们知道，就是再过十年，那个与学校同龄的老椴树也一点儿都不会苍老。校园里葡萄树的藤蔓，就是到了你们的青年时代，也会和今天一样枝繁叶茂、果实累累。

要善于憧憬自己成年以后的生活，这样可以帮助你成长为一个真正的人。虽然在你成长的过程中，长辈们——父亲、母亲和教师，会教育你。但是你应该要明白，在你一天天长大的时候，你将成为一个什么样的人，越来越多地取决于你自己的努力和独立性。你在这段时间的活动，决定了你会成为一个怎样的人、你身上展现出的哪些才能能够得到发展。作为你的教师，我可以毫不夸张地说，正是这段你还不太懂事的岁月将影响你的一生。要感激那些给予你照顾和关心的成人，要珍惜他们的关心和照顾；同时你也要尽快摆脱对成人的依赖，不要害怕成年后的劳动和将会遇到的困难。总而言之，不要被任何困难吓倒。你终将成长为一个坚强、刚毅、刻苦耐劳的人；在热爱劳动、坚定性、自觉性方面，你会缩短和成年人之间的距离，为此，你应该感到自豪。

以上这些道理应不应该讲给小孩子听呢？多年的经验让我深信，学校教育，甚至是家庭教育中的一个很大的弊端，就是认为孩子永远只是个孩子。为什么我们常常会遇到意想不到的麻烦？那正是因为我们忘记了今天的儿童就是明天的成人。培养儿童长大成人的意识，这是一个完整的道德教育问题，它似乎是把对人的智慧、道德、创造性的培养汇集到了一起。这种教育应该一年一年反复进行，而不仅仅只是在孩子七岁时考虑。但是首先要谈的，是童年时代对于培养创造能力的特殊重要性。

如果有这样一些社会成员，他们从童年到少年、青年和成年，都没有知识，没有本事，处处碰壁，那么是不可能造就一个和谐幸福的社会的。而在他们还很小、刚刚上学的时候，这些不幸就埋下了种子。一个人的幸福，归根结底取决于他的哪些能力得到开发，哪些才华更为突出，能使他的一生都绽放光彩。这也影响着社会的幸福。所以不要把培养孩子的创造力仅仅看作一个狭窄的心理学问题，它是一个涉及伦理、道德的社会问题。多年的经验证明，这个问题必须从儿童抓起，应该教育幼小的孩子憧憬自己的成年生活。这对于确立孩子的成人意识，促进他的精神成熟至关重要。

每个大脑健全的儿童都有广阔的才能发展领域，自然为每个人都提供了成长为创造者的条件。孩子儿童期（具体地说，是入学前的两三年到入学后的头两三年）的活动决定了这个领域能不能被发现和充分开发、儿童的哪些潜能会发展为现实能力；与此同时，在活动中儿童自己的态度，我们成年人是否善于对孩子进行成人意识教育，引导他的思想和心灵逐渐成熟起来，也意义非凡。

这也就解释了我们为什么认为必须对孩子进行成人意识教育，并把它作为道德教育的重要内容。

人区别于其他所有高级动物的特点之一，就是人拥有很长的大脑成熟期。在儿童紧张、充实、多姿多彩的精神生活中，儿童度过了大脑的成熟期。这看上去似乎是一个奇迹，但它已经不是自然的奇迹，而是真正的人的奇迹。儿童生活着，成长着，他快乐，他忧愁，他哭，他笑，他喜欢，他仇恨，但他似乎还没有真正降临人世——也就是说，大脑可塑性最强的时期就是大脑成熟的时期。在这个时期，他不仅对外在的生长环境最敏感，而且对于自己"没有最终长成"的机体发生的变化、对头脑怎样反映他在周围世界看到的事物也最敏感。所以，在此期间，除了关注儿童的生活起居，我们还要关注儿童大脑的发展，因为未来的人和他的各种能力赖以形成的物质基础就是大脑。所谓的"自然条件"，只是娘胎里形成的一种有生命的物质，真正生机勃勃的生命，只有在大脑最富可塑性的成熟期才开始。

在儿童大脑发展的这个关键时期，明智的父母应该做的是鼓励和引导孩子进行最紧张的脑力活动。事实上，教师的工作，只不过是把父母的这种教育智慧自觉、集中地体现了出来。

在一定意义上，儿童确实软弱无能，少不了我们的帮助和照顾。但是正因如此，我们才要让他相信自己是有能力的，而不能让他也觉得自己无能。我们要让一种信念成为孩子行动的动力，那就是要让他知道，难以数计、比他软弱得多的生物正生活在他的周围，它们需要他的保护和照料。我们必须对孩子进行这样的道德教育：虽然你现在是个孩子，但是不要忘记将来你也会长成一个大人；想想看，你不会永远是个孩子。人精神生活的本质是求知向上，所以只有人才会有这样的思想。另外还有一点我认为也非常重要，这就是，不要因为上了学就使孩子的活动变得单调和缺乏主动性，这非常不利于他们的智力的发展。特别多的紧张而单调的记忆活动会被安排在学习之初，在这种情况下，用专门组织的活动来激发孩子强烈的求知欲望，就显得特别重要。

还应该谈到的是，儿童在学校的劳动应该带有一些成人劳动的性质。作业间、试验田、果园、畜牧场，无论在哪里工作，都应该给儿童一种真实的感觉。为了让儿童有一种真正收割庄稼、真正给小麦脱粒的体验，我们学校配有儿童专用的、很小但能够真正使用的农用器械——拖拉机、汽车、摩托车、脱粒机、割草机、簸谷机，也在儿童电站为儿童准备了防止事故的一整套装备。让孩子们使用真正的机器进行劳动，有深刻的教育意义。在这样的劳动中，成人的思维方式逐渐被孩子们接收，成人对世界的看法逐渐被孩子们理解，许多在我们成人看来似乎是游戏的劳动，孩子们已经完全不把它们当作游戏了。身临其境的劳动，使得"你是一个孩子，但是不要忘记你将长成一个大人"的思想深入到儿童的心里。

在少年时代，人就应该看到自己童年的劳动成果：他亲手栽种、培育的小树苗长大了，该结果实了；唯一的一粒种子，由于他童年时代的精心照料，正在变成一大堆小麦。为了使儿童劳动和成年劳动一样渗透着强烈的责任感，全体小学教师都要努力。

充满希望和欢乐的儿童时代的创造性劳动，是发展智力，使思维敏捷、活跃、充实的不可替代的源泉。打个比方吧，它既是燃料，又是使燃料充分燃烧的新鲜空气，缺少了它，求知的火花就会渐渐熄灭。

2 新生儿出世是一件喜事

你的降生曾给你的父母带来多大的欢乐，你知道吗？每到你生日的那天，他们都会激动地回忆你出生时的情景，回忆你的第一声啼哭、你说出的第一个单词。每一个新生儿降临人世，都不仅延续了人的种系，也为人类社会增添了最宝贵的财富——可以使祖国更加光荣、伟大、强盛的人。降生的新生儿既给父母带来快乐，也给整个民族带来快乐。因为他们的降生给民族带来了希望。儿童的心灵是否纯洁、行为品德是否正派，决定了他们怎样对待新生命的诞生，怎样对待怀孕的妇女，特别是自己正在怀孕的母亲。教育孩子以正确的态度对待新人的诞生，也就是在培养未来的父亲和母亲。

在乌克兰的一些村庄，新生儿出世是全村人共同的节日。在这种风气的形成中，学校起了积极作用。

在一个好的家庭里，儿童与兄弟姐妹精神交往的需要特别强烈。（只有一个孩子的家庭，在培养孩子和谐情感方面的条件显然要差一些）关心别人是从关心兄弟姐妹开始的。培养和发展同情、体贴、亲切等情感的沃土，是血缘亲情。对于姐姐来说，它是培养母性的第一所学校。一个新生儿出现在家里，甚至只是期待一个新生儿降临，都是儿童道德发展阶梯上的一级独特的台阶。他好像在经历一场道德的洗礼，对自己提出了新的道德要求：我现在不仅是儿子，还是哥哥。从孩子期待新生儿降临开始，他就进入了特别积极表现自己人的本质的时期。我们往往在和家长个别交谈时和在咨询会议上给家长提出这样的建议：如果您有能力或者有意愿成为几个孩子而不只是一个孩子的父母，让您的每一个孩子都至少有一个兄弟或者姐妹，（当然，只有在对家庭进行了许多年的工作、相互完全信任的情况下，才能提出这样的建议）那么您的家庭里就更容易形成相互关爱、尊重的气氛，更容易培养孩子的责任感和义务感。年龄差在三四岁或五六岁的大孩子和小孩子是最幸福的。这么大的孩子已经有了足够的智慧和情感来理解（哪怕是大体理解）他和刚出世的血缘亲人的关系。在这样大小的孩子心里，新生命的诞生会给他留下特别强烈、甚至永不磨灭的印象。小弟弟或者小妹妹的出生，为孩子们的和谐发展创造了最适宜的家庭条件。

无论是父母还是教师，在和孩子谈话时，有个问题总让他们不知所措，这就是怎样向孩子解释他们出世的秘密。一些人认为应该给他们讲讲鹳鸟的故事；另一些人认为讲出全部的或者几乎全部的真相更好一些；第三种意见认为最好的回答是这样的：你现在还小，等你长大就知道了。我认为，就道德方面而言，还是第一种方法更合适一些，这个富有诗意的故事体现了人民的智慧，反映了人民在对待生活中秘而不宣的事情和儿童敏感的心灵时怎样拿捏分寸。那只美丽善良的鹳鸟的故事对孩子没有任何害处，只会使他们的心灵更加纯洁，所以不妨把这个故事给你的孩子讲讲吧！用诗一样美好的语言、用生动优美的神话故事，对那些隐秘的、孩子们一时难以理解的事情做半露半藏的解释是必要的，否则我们会变得浅薄和粗俗。让那些因为家里出现了一个新生儿而激动的孩子，在纯洁浪漫的故事里满足自己的求知欲望吧。

鹳鸟的故事如下：

奥莲卡，你是不是疑惑：你的弟弟从哪里来？为什么你的妈妈成了他的妈妈，你成了他的姐姐，而他成了你的弟弟？孩子，听着，我要给你讲一个世界上最真实的故事。听了这个故事，你就知道答案了。你看到东边那片红色的天空了吗？很快，太阳就会从那里升起来，那个地方离我们很远很远，每天夜晚太阳都在那里休息。那里有一块非常美丽的花田，鲜红的花儿永远盛开，一条清澈欢快的小溪从山谷中穿过，发出叮叮咚咚好听的声音。太阳把花田里的花儿送给每一个妈妈，也包括你——奥莲卡的妈妈。当妈妈有了生小宝宝的愿望时，她就会在心里想：我要一个怎样的孩子？是女儿，还是儿子？于是，遵照她的愿望，一个小男孩或者小女孩就会在花儿里出现。在妈妈的想象中、从太阳的金色霞光中，新生儿诞生了。正在小婴儿躺在鲜红的花瓣上，微笑着伸出两只手——他想快些投入妈妈怀抱的时候，一只长着银色翅膀和碧绿眼睛的鹳鸟飞进花田，叼起了妈妈在梦幻中精心孕育出来的小宝贝，向妈妈飞去。很快，鹳鸟又重新飞回花田，因为像你妈妈一样，世界上还有许许多多妈妈希望有一个自己的孩子……奥莲卡，你和你的弟弟是太阳按照你妈妈的愿望创造的。

甚至在新生儿还未到来之前就要让孩子珍惜他，爱护他，怀着无比喜悦的心情欢迎他。父母的智慧，决定了孩子能不能做到这一点。

❸ 人生在世，不能像无人知晓的尘屑一样毫无声息地消逝

人要在自己的身后留下永远的痕迹。

如果人们想要获得永生，那么首先要把自己留在人们的心里，生命的意义和人生最大的幸福也就在这里。如果您希望留在人们的心里，就请教育好自己的孩子。人最重要的社会职责就是培养好人。

一个人在多大程度上意识到自己为人父或为人母而存在的高尚意义，将直接影响他的精神面貌。我们教育工作者的一个重要使命，就是要让我们创造出来的人，不仅对自己今天的行为负责，还要为未来负责；而未来，就是他的子女，一个活生生的人具有的智慧、情感和信念。未来的根基是现在形成的。

当姑娘们中的每一个都可能成为母亲，即她们满了十六岁、成年的时候，我会把这个乌克兰的传说——"世上最能干的女人是谁"，讲给她们听。

小伙子们、姑娘们，你们刚刚踏入生活。在你们面前，生活是那么的绚丽多彩，如同地平线上初升的太阳，希望满满。你们会在做所有下面这些事情的时候，留下自己的精神、智慧和才能：你们要耕耘土地，建造楼房，铺设铁路，放牧牛羊；你们看到从南方飞来的鸟儿，会很高兴，看到碧绿、娇嫩的麦苗，也会感到担忧；你们还要远征，去打击侵略者……但是，只有在人的身上，你们才会留下自己的整个心灵。不要忘记，你们还应该是一个父亲或者母亲。"为人父母也是一种劳动，而且是一种最需要智慧的复杂劳动。"这句话我要重复一千次、一万次。未来的父亲们，我现在就要告诉你们，你们在倾听新生儿的哭啼时，将不得不屏住呼吸；未来的母亲们，你们在生下自己的儿子或者女儿的过程中，将不得不经受疼痛和艰辛。记住，尽可能多地带上自己在少年时代和青年时代积累的财富，再去踏上生活征程。因为你们创造新人时必须具备这些财富。

有一个故事，讲的是一个一事无成的人。这个人喜欢唱歌，一天到晚都很快活。他先是从绿色的庄稼地搬到长着鲜花的牧场，然后又从长着鲜花的牧场搬到茂密的小树林，总之，他在哪个地方都待不长久。在小树林里他有了一个儿子。这个无所事事的人把婴儿摇篮挂在柞树枝上，而自己坐在一旁唱歌。而儿子，不是一天天，而是一小时、一小时地长大，有一天，他从摇篮里跳了出来，来到父亲面前：

"父亲，能把您用自己双手做的事情指给我看看吗？"

做父亲的听到儿子说出这样聪明的话，非常高兴地笑了。接着他想，自己可以把哪些东西指给儿子看呢？儿子在等待，父亲却沉默了，唱歌的兴致也烟消云散。儿子看着高高的柞树，问道：

"或许，这棵柞树是您栽的？"

父亲低下头，没有说话。

儿子把父亲领到田里，望着沉甸甸的麦苗，问道：

"也许，这些麦子是您种的？"

父亲仍然低着头不说话。

儿子又和父亲来到深深的池塘边，看着映在水中的蓝色天空，说道：

"要不然，父亲，您就说一句有智慧的话给我听听……"

父亲仍然沉默着，头垂得更低了。是的，这位父亲根本没有亲手做成一件事，更别提说一句显示自己智慧的话了。他就是这样，活成了一棵从春到秋只开花，不结果，也没有籽的小草。

一辈子一事无成，这是多么巨大的不幸啊！避免这种不幸吧，青年男女们！否则你们会在儿女面前、在所有人面前感到羞愧。

4 长大成人的标志不仅仅是生儿育女

人和动物的区别在于，人在延续种族的同时，还把自己的美德和理想，把自己对伟大、崇高的理想和事业的忠诚也留给了后人。年轻人，作为公民，你们能在自己后代身上看到越多自己的精神风貌，你们就越富有，个人生活也就越幸福。在你们孩子的身上，公民的幸福和个人的幸福融为一体，因为孩子既是你们个人的希望，也是公民的希望。

我要把一段曾经深深打动过我的、一个教育工作者的往事讲给每一代的姑娘们和小伙子们听。

住在一个大城市的同一所城郊医院里的两位产妇在同一天生下了儿子：切尔诺科萨娅是在早上，而别罗科萨娅是在晚上。两位幸福的母亲躺在同一间病房里，幻想着自己儿子的未来。

"我的儿子，我希望他能够成为一个有名望的人，一个在世界范围内赫赫有名的音乐家或者作家，或者做一个拥有不朽作品的雕塑家，要不就做一个工程师，建造宇宙飞船，让它飞向遥远的星空……生活嘛，就是为了这个……"别罗科萨娅这样说。

"我希望我的儿子成为一个任何时候也不会忘记自己母亲和家乡的、善良的人。"切尔诺科萨娅这样说。

每天，两位父亲都来探望年轻的母亲。他们久久注视着自己儿子的小脸，眼中流露出了幸福、惊异和感动的神情。然后他们坐到自己妻子床前，和她们小声地说个没完。在新生儿的摇篮边，他们想象着未来——当然，这时他们能够想到的只有幸福。一个星期后，两个幸福的男人把妻儿接回了家。

弹指一挥间，三十年过去了。非常巧的是，城郊的这所小医院里又同时住进了切尔诺科萨娅和别罗科萨娅。两位母亲的发辫已经斑白，脸上也有了一道道皱纹，但不变的是，她们还和三十年前一样漂亮。她们同时认出对方，一起住进了三十年前生儿子时住过的那间病房。她们谈起了自己这些年的生活，经历过的很多欢乐，经受过的许多痛苦。她们的丈夫都牺牲在前线。在讲述自己生活的过程中，不知道为什么，她们都不谈自己的儿子。终于，切尔诺科萨娅开口问道：

"你的儿子在做什么工作？"

"他是个著名的音乐家，"别罗科萨娅自豪地回答，"如今，他在我们城里最大的那座剧院里当指挥，名气很大，难道你没有听说过吗？"接着，别罗科萨娅说出了音乐家儿子的名字。许多人都知道这个人，切尔诺科萨娅当然也熟悉这个名字。不久以前，她还读到过有关这位音乐家在国外演出大获成功的报道。

"那你的儿子在干什么呢？"别罗科萨娅问道。

"农民。他是集体农庄的农机手，开拖拉机，也开康拜因^①，有时候也去畜牧场工作。从早春到晚秋，一直到雪花覆盖大地，我的儿子都要耕地、播种谷物、收割庄稼，然后又是耕地、播种谷物、收割庄稼……我们住的村子离这儿一百千米远。他有一个三岁的儿子和一个不久前才出世的女儿……"

"看来你的儿子只是个默默无闻的普通人，"别罗科萨娅说，"那你终归是享不到福的。"

听了这话，切尔诺科萨娅什么也没有说。

就在她们住进医院的当天，切尔诺科萨娅的儿子就从村里赶来看望母亲。他穿着白色的探视服，坐在白色的长凳上，和母亲久久地小声交谈着。母亲似乎忘记了世上所有其他事情，微笑着，眼里闪烁着快乐的光芒，她用自己的手握住儿子那双在阳光下晒得黝黑的大手。和母亲告别的时候，儿子把葡萄、蜂蜜和黄油从提包里拿出来，放到

---

① 康拜因，即联合收割机，能够一次完成谷类作物的收割、脱粒、分离茎秆、清除杂物等工序。——译者注

床头的小桌子上，仿佛在请求母亲原谅。在和母亲吻别时，儿子嘱咐说："养好身体，妈妈。"

但是，这一天，没有人来看望别罗科萨娅。晚上的病房里一片寂静，躺在床上的切尔诺科萨娅不知想到了什么，无声地笑了起来。这时候，只听别罗科萨娅说：

"要不是我的儿子正在举办音乐会，他也会来看我的……"

第二天，天黑之前，切尔诺科萨娅的农民儿子又从很远的村子赶来了，他又在医院白色的长凳上坐了很久。他在给母亲讲如今田里忙得热火朝天的场景，他们日夜都在工作……别罗科萨娅在一旁听着他们二人说话。和母亲告别时，儿子又把各种好吃的东西放到小桌子上，切尔诺科萨娅的面庞因为幸福而发光，连皱纹也舒展开了。

和前一天一样，还是没有人来探望别罗科萨娅。

晚上，两位妈妈都静静地躺在病床上。切尔诺科萨娅还在微笑着想着什么，而别罗科萨娅却只能轻声地叹气，而且生怕自己的叹息声被身边的病友听到。

住院的第三天，黄昏以前，切尔诺科萨娅的农民儿子又从很远的村子赶来，这次他带来了大西瓜、葡萄和苹果，还把长着一对黑眼睛的三岁小孙子带来给母亲看看。切尔诺科萨娅的儿子和孙子坐在她的床前，她久久地注视着这两个人，眼睛都在幸福地微笑，人也变得年轻了。小孙子告诉祖母，昨天他是怎样和爸爸一起登上"船长"号康拜因的，并且说道："等我长大了，我也要开康拜因！"祖母高兴地亲吻他。一旁的别罗科萨娅听着，心里一阵阵难过。这使她想到了自己的孙子，他早被她那著名的音乐家儿子送到了一所寄宿学校。

两位母亲在医院住了一个月。每天，切尔诺科萨娅的床边都能看到从很远的村子赶来看望母亲的农民儿子的身影。每次前来，儿子都带着微笑，仿佛只有他的微笑才能使母亲尽快康复。别罗科萨娅觉得，当女病友的农民儿子来探望母亲时，甚至连医院的墙壁也在祝愿他的母亲尽快好起来。

而一个月过去了，还是没有任何人来探望别罗科萨娅。医生对切尔诺科萨娅说："您现在已经完全康复了，心脏没有任何杂音，也没有任何异常的停顿。"然后，医生对别罗科萨娅说："虽然您也会完全康复，但是您现在还不能出院。"医生一边说着，一边面朝着墙壁，不知在看墙上的什么。

切尔诺科萨娅的儿子来接母亲出院时把带来的大把大把的玫瑰花送给医生和护士，全院上上下下，每个人都洋溢着微笑。

别罗科萨娅在和切尔诺科萨娅告别的时候，请她和自己单独待上几分钟。所有人都离开病房后，别罗科萨娅舍着眼泪问道：

"亲爱的，请告诉我，这么好的儿子，你是怎样培养出来的？要知道，我们是在同一天生下他们的呀！你那么幸福，而我却……"说着说着，她哭了起来。

切尔诺科萨娅回答道："不会再有第三次奇迹般的相遇了，我们这次分别后，也不会再见面了。我不妨就把全部的实情都告诉你。我在那个幸福的日子生下的儿子，在他还不满一周岁的时候已经死了。这个儿子虽然不是我亲生的，但我待他如亲儿子。在他三岁的时候，我收养了他，这件事他也模模糊糊地记得，但是对他来说，他的亲生母亲就是我。我是幸福的，你也亲眼看到了，而你是个不幸的人，我对你深深地表示同情。你不知道，这些天来我是多么地为你难过，我知道我儿子每一次探望我都会使你心情沉重，所以我甚至想提早出院。等你出院了，你去找你的儿子吧，告诉他，他会得到报应的，他将来的儿子也会像他如今对待你一样来对待他。对父母冷漠无情的人不能被宽恕。"

爱国主义教育从孩子还躺在摇篮里的时候就开始了。能够成为自己祖国的真正儿子的人，一定是那些能够成为母亲、父亲的真正儿子的人。

这样的思想应该贯穿在少年和青年集体的精神生活中：我们每个人都会拥有自己的孩子，爱他，抚爱他，让他知道他是我的孩子，他对我有多么珍贵……这一点并不难做到；但是在他心里树立起每走一步都要向父母负责的责任感，让他忠于我、信任我，把我当作具有丰富生活阅历的人来信赖、尊重，却是有很大挑战性的。对每一代即将独立生活的年轻人们，我都要给出这样的提醒：他们要为自己培养出怎样的孩子而向社会和人民负责。

父母为祖国培养忠诚的儿子，实际上是在为自己建造活的、永不褪色的纪念碑。有些话尽管很残忍，但我必须提前对未来的父亲们、母亲们说清楚：假如儿子成了祖国和人民的叛徒（这样的事情不是没有），那么人民也会蔑视和唾弃他的父母。最可怕、最卑鄙的行为就是变节和背叛。未来的父亲们、母亲们，请你们记住，利己主义、自私自利，或者像陀思妥耶夫斯基所说的"只为自己的肚皮活着"，都是导致变节和背叛的原因。孩子忠于事业、忠于理想的基础，是他从父亲手中接过面包时的感激之情，他对劳累的父母的怜惜之情，他知道了因为自己的过错而使父母伤心时的悔恨之情……在这一点一滴的小事里，孩子对伟大事业和神圣信念的忠诚慢慢形成了……

每一年，在毕业晚会举办之前，我都要和即将获得毕业证书的青年男女们一起来到森林。我们要在这鲜花遍地的野外进行一次最知心的谈话，我把这次谈话称作对未来的父亲、母亲的最后一次训导。在这次谈话前，我做了认真的准备，目的就是希望它能触动一个公民的良心。

我对这些年轻人说：记住，给社会送去一个真正的公民才是人最光荣的事情，做不到这一点，你们将永远品尝不到为人父母的最大幸福。

每个人都肩负责任，每个人都承担义务。人们要对自己的劳动、行为、爱憎和言论负起责任来。但是，父母对子女的责任，是其中最伟大、最高尚、最困难、最不能推脱的责任。在这件事情上，最高法官是人民、祖国，还有我们自己的良心。小伙子们、姑娘们，也许你们将来从事的职业不同，但是，成为父亲或母亲，是你们每个人都会经历的。

与姑娘目光对视的那一刹那，小伙子的心跳会加快，呼吸会屏住。每一次接触，你们都会产生难以理喻的情感波涛、希望和幻想。你们生活在对幸福生活的向往之中，老一代人也在把无价的财富——祖国、社会主义制度、自由劳动，转交给你们。但是，它能够让你们幸福的前提，是你们的心脏要为之激烈跳动。老一代人可以把所有的东西都传给你们，但唯独创造一代新人这件事，谁也不能代替你们，这是一件只能由你们自己去做的事情。世界，也随着一代新人的出世，仿佛获得了新生。新人、新世界将会变成什么样子，这会由你们来决定。

5 你的同学有了一个刚刚出世的弟弟或者妹妹，你应该向他表示祝贺

祝贺新生命的诞生也是一个人有教养的标志。

　　对于个人来说，生命中最幸福的一天大概是他的生日那天。如果那一天没有任何人来祝贺，甚至没有任何人记得那个日子，那么这个人就太孤独、太不幸了。父母、祖父母和兄弟姐妹的生日，人们应该都知道并且一生都记得。在一个幸福的家庭里，家庭成员有多少个，需要庆祝的生日就有多少个。一个家庭之所以幸福，就在于每个人都会用自己的心温暖家人。

　　在人生的不同阶段，人对生日的感受是不同的：童年时，生日使人欢欣；少年时，生日使人快乐；青年时，生日既让人有几分激动，又有几分彷徨；成年以后，生日就会让人平添忧愁；而到了老年，生日那天更多的是感伤。不要刻意去数父母或者祖父母的年龄；在姐姐生日那天也不要提醒她今年几岁，在她二十岁以后尤其不要这样做。希望自己永远年轻，是姑娘和妇人共同的希望，这也是人类另一半的权利。你要想一想，在祝贺生日时哪些话该说、哪些话不该说，说话要得体、有分寸，这也能够显示出你的修养。比如，在祝贺儿童、少年生日时，不要说"愿你长寿"，因为理解这句话需要丰富的生活阅历和智慧，所以，对儿童、少年说这四个字毫无意义；对父母说这些话，会使他们想起总有一天他们会离开人世；对祖父母说这话无异于讽刺，因为他们生命的岁月已经快到尽头了……在长辈生日那一天，你应该起得比平常早一些，走到他的身边，对他说："生日快乐！祝您健康、幸福，精神矍铄。"如果是弟弟、妹妹过生日，你先要提醒他（她）今天是他（她）几岁的生日，然后再祝贺他（她），要使他（她）这一整天都过得快活。

生日是向亲人表达自己爱心的节日。给你亲爱的人送生日礼物，是生日这天要做的事情。生日礼物是用来表达心意的纪念品，你送的礼物能反映出你的修养水平。你可以自己做生日礼物，也可以买。对于你所爱的人来说，最为珍贵的还是你亲手制作的礼物，比如亲手栽培的鲜花。一幅画、一首诗、一本小纪念册，甚至在普通的练习本上画一幅画，写一首诗，都是很不错的生日礼物。如果你不会写诗画画，那就写上一件一辈子都不会忘记的小事。在母亲过生日的时候，你可以写上自己的回忆：在你最初的记忆中，母亲是什么样子。向父母伸手要钱去买生日礼物是一件让人难为情的事情。如果你不会制作礼物，或者懒得动手，那也没有关系，你可以强迫自己省下一些零用钱来买礼物，这样你的良心就不会受到谴责。不过，那些贵重的或者大件的东西你还是不要想着送了。"礼轻情意重"，小礼物也很好嘛！生日礼物的价值在于精神，因此，不是礼物的价钱，而是你为了亲人快乐而在礼物中灌注的精神力量，决定了礼物的价值。

要特别郑重地向祖父、祖母祝贺生日，把他们的生日忘记了是一种道德无知的表现。

不要忘记给自己年老的教师祝贺生日，特别是当他孤身一人的时候。

生日不是某个集体的节日，而是亲人和朋友们的节日，是家庭的喜庆日。那些对社会做出杰出贡献而获得这份荣誉的人，公众才会为他庆祝生日，并且只能在他满五十岁以后。没有获得这个荣誉，或者在这个年龄之前，让公众为他庆祝生日，就是一种不谦虚、不体面的行为。

有些寄宿学校为学生庆祝生日时声势浩大：在大厅聚集全体学生，安排上一个月出生的所有孩子坐在荣誉席上，接受大家的祝贺。这种做法是不妥当的，但很遗憾，这样的事情并不少见。从教育学角度看来，小小年纪的孩子们的心灵会因这样的生日庆祝而扭曲。只是为了应付差事而做那些本来很有意义的事情，会成为他们的习惯。

应该教孩子怎样祝贺别人，怎样赠送礼品。但是，只有当孩子也学习体察别人的时候，教育者的教诲才能进入他的心里。生活中经常会有这样的情况：孩子们面前突然出现了一种人与人的全新关系，那么教师和父母的每一句话，都会因为这种关系而具有深刻的含义。这时，在一个普通的词汇里，孩子会突然感受到他以前不知道的、与人的内心世界有密切关系的某种含义。

二年级学生正在上课，女教师看见加利娅——一个快活、热情、有同情心的小女孩，突然举起了手。

"加利娅，你想说什么？"女教师问。

"玛丽卡的妈妈生了一个小弟弟。"加利娅高兴地说。她那种快活劲儿，就好像小弟弟是她家的一样。她是玛丽卡的同桌和好朋友，她们坐在窗户旁边的位置上。加利娅的话刚说完，玛丽卡就被三十双眼睛好奇地望着，她的脸羞红了。有些感觉，人的一生只能体验一次。一个七岁的孩子，突然间有了弟弟或者妹妹，她万分地惊讶，完全不知道这是怎么一回事。但是从此以后，她的地位提高了，一种新的、使她变得崇高的关系出现在她和别人之间。我们成年人很难理解处在这种情境中的孩子的感觉。在这个时候，如果我们能够深入到儿童的思想和情感世界里，我们就会加倍地尊敬在这一天成为哥哥姐姐的人。使成了哥哥姐姐的孩子，由于自己新的地位，比起昨天，比起弟弟妹妹还没出生的时候，能够在精神上更加尊重自己，是我们的伟大使命。

"玛丽卡有了一个弟弟……玛丽卡有了一个弟弟……"顿时，一片低语声出现在教室里。女教师在笑，孩子们也在笑。

"这是一件多么好的事情啊！"女教师说着，走到玛丽卡面前亲吻她，"我们祝贺玛丽卡的爸爸、妈妈生了个儿子，也祝贺你，玛丽卡，有了一个弟弟。"

加利娅也拥抱和亲吻了玛丽卡。

米科拉有些犹豫，但还是大声地问出来："但是，祝贺……这是什么意思呢？"说完，他还叹了一口气。实际上，"祝贺"的意思米科拉是知道的，他只是不明白为什么要祝贺有了弟弟。他还不太会用语言准确地表达自己的感受。女教师意识到小男孩遇到了难题。

一下子，教室里安静了下来。大家都在等待女教师的回答。

"这句话的意思是，玛丽卡的爸爸妈妈有了大喜事。新生儿诞生，意味着她的爸爸妈妈有了儿子，祖父祖母有了孙子，姑姑舅舅有了侄子、外甥，姐姐玛丽卡有了弟弟……许许多多的人，因为这个孩子的到来更加幸福，这就是要祝贺的原因。"

"随着新生儿的诞生，未来也诞生了。玛丽卡的弟弟是我们中间年龄最小的人，他才刚进学校学会写'妈妈'这个单词的时候，你们这群男孩子已经成了保卫祖国的战士。因为有你们在警惕地守卫祖国的大门，他会在睡梦中幸福地微笑。祖国在高兴地向每一位母亲表示祝贺的时候，会希望她们新生的孩子成为一个真正的人。玛丽卡的弟弟现在甚至连名字都没有，我们也不知道他长大以后会做什么工作。但是无论他将来做什么，他都会在自己祖先的土地上劳作。他的母亲会在他的身上倾注自己的全部力量，帮助他成长为祖国忠实的儿子，这就是为什么我们应该表示祝贺。"

要和这位女教师一样，真诚地对待儿童的理智和情感，应该教会孩子们怎样去感受。由于这个时候你和孩子们在同一个角度认识世界，你和孩子们一起，在一个伟大的、不可重复的瞬间经历和体验了同样的惊讶和赞叹，如此，你说的每一句话就都能被孩子们理解。

劳动和义务

··

　　培养义务感，这不仅仅是教育学理论和学校生活的中心问题，也是社会政治生活的一个重要问题。

培养义务感

塔季扬娜和娜塔利娅是两个漂亮的姑娘，她们都生活在第聂伯河边的一个古老的村子里。她们在同一天一起出嫁，又在同一个星期生了儿子：塔季扬娜生了尤里，娜塔利娅生了维克托。两位妇女又都在一九四一年那个残酷的六月把自己的丈夫送上前线，自己在家守着十四岁的未成年儿子。两个儿子都长得身材高大，很有力气，看上去就像十六岁似的。

第聂伯河两岸被德国军队占领了，在法西斯铁蹄下的老百姓受够了苦。一年以后，占领者又开始四处抓捕年轻人去德国做苦役。这个时候的尤里和维克托都长高了许多，成了魁梧结实的小伙子。好心肠的乡亲们日夜担心他们，建议两位母亲把他们藏到警察和宪兵找不到的地方。在第聂伯河的下游，常常被水淹没的低地上长满了芦苇和灌木，中间散布着一些小岛。尤里和维克托知道其中一个被人遗忘的小岛，上面树木繁茂，杂草丛生，在干燥多石的地下还有一个古老的洞穴，好像是哥萨克人在十五至十七世纪查坡洛时代挖掘的。于是他们逃到那里躲了起来。

两个年轻人在岛上的地洞里藏了一年多，直到苏联红军解放了他们的家乡才回到母亲身边。不久后，塔季扬娜和娜塔利娅收到噩耗：在伏尔加格勒附近，她们的丈夫都牺牲了。

尤里悄悄地在十一月一个阴雨的晚上离开了家，他给母亲留下了一张纸条，上面写着："亲爱的妈妈，原谅我……我不能再待在家里，我要参加红军，我要给父亲报仇！"塔季扬娜哭了，从此她每天都在盼望儿子的来信。

维克托却因为本身也未到应征的年龄，就在妈妈的农舍里又住了一年。应征的日子到来了，维克托却失踪了。娜塔利娅对邻居和区征兵办公室的工作人员解释，儿子也许跟着哪支路过的部队走了。几乎就在维克托失踪的同时，传来了尤里在喀尔巴阡山英勇牺牲的噩耗，接着部队送来了尤里的功勋章——四枚奖章和一枚红星勋章。塔季扬娜的心被巨大的悲痛吞噬，不到一个星期，她的头发就全白了，她卧病在床，病了很久。

欢庆胜利的日子——一九四五年的五月即将来临。在四月的一天，娜塔利娅来到村苏维埃告发她的儿子为了躲避参军，躲藏在一个荒野小岛的洞穴里。娜塔利娅说："我劝他，哀求他，可是没有一点作用。我的命实在是太苦了！"维克托被人们找到后，经审判，被判处自杀（这个判决母亲还不知道）。但是我们的人民在紧接着的欢庆胜利的日子里表现得非常宽宏：根据大赦令，对维克托判决由让他自杀改为让他在建设营劳动三年。三年后，他回到了自己的家乡。

不幸的遭遇每个家庭都有。后来，人们渐渐地很少再提起维克托的罪行。这个年轻人现在还住在第聂伯河边的那个古老的村子里，他在机务人员训练班结了业，成了一名拖拉机手。他的儿子在前不久参加了工作，两个女儿已经出嫁了，最小的两个孩子还在上学。女儿出嫁后，他从来不去女儿家做客，也从来不邀请她们回娘家。在乡亲们眼里，这样的行为很不合乎情理。人们暗中议论，说他毫无恻隐之心，是个铁石心肠的人。和他一起工作的同事们这样评价他："维克托会完成工作定额派下的活，但是他绝对不会去帮一帮别人，或者做一点公益的事情。"机务队长这样评价他："他就像一堵石砌的墙，没有一点人的感情。"

尤里和维克托两个人的命运就是这样。究竟是什么原因使得在同一所学校上学、在同一天加入少先队，甚至同坐在一张课桌前的两个人的命运产生如此大的差异呢？其中一个人活得光明磊落，而另一个人却像狼一样，过着昏暗阴森的日子。米科拉爷爷——村子里的哲学家、八十岁的守林人，把维克托过的这种灰溜溜、毫无光彩的生活叫作狼一样的生活。

为什么我要对你们说起这件往事呢？ 一年又一年，十年又十年，时间很快地过去了，我在生活中目睹了几百个出类拔萃、个性鲜明的人的命运。曾经在我眼皮子底下学说话、学写字的男孩子们，如今也长出胡子，成了父亲。他们再次回到学校的时候，手牵着自己的孩子。一切又都从头开始。

一代又一代的新人，由这些新人组成的一个又一个新的世界，就在这种生活的循环中不断诞生。每一代新人，每一个新世界，都向我们教育工作者提出了新的要求，同时也在我们面前摆出了新的难解之谜。每一年我都和家长一起，把一批学生送上独立劳动的人生之旅。每一次注视着这些青年男女的眼睛时，我都禁不住想起同样一个问题：在我们培养的这些人身上，最重要的究竟是什么？毕业典礼前夕，那个短暂的六月之夜，男女毕业生从日落到日出，欢快地度过了整整一夜。当我和他们一起走进田野，共同拥抱他们新生活中的第一轮太阳的时候，我的心总是被一些让人不安的问题撞击着，久久不能平静：什么是人的个性的核心？怎样塑造这个核心才能让它在生活的土壤里牢牢扎根？那颗能够萌发、生长出人的美好品德的种子究竟在哪里？

在和毕业生一起度过的那些六月之夜，我的脑海里浮现了一个又一个熟悉的人，我也一页一页翻开了尤里和维克托童年生活的篇章。我仔细思考那些人走过的生活道路，将他们今天的生活和他们三四十年前的往事进行比较。对那些真实的人，连同他们身上发生过的事，以及他们与周围人的哪怕最细微的关系思考得越是清楚，那些撞击我心灵的问题也就变得越是明确：我的那些即将走出校门的学生们，你们未来会成为怎样的公民？对你们来说，生活中的哪些东西是神圣不可侵犯的？你们将给自己的儿女和孙辈留下哪些精神和品德？作为人民的一分子，你自己的道德发展又将达到怎样的高度？

对那些先后走进我生活的人的命运思考得越多，对他们与祖国、与他人的关系思考得越细致、越深刻，我就越是相信：义务感，即他对自己应该对社会主义祖国、对民族的精神和道德的珍品、对身边的人——对他们的命运、欢乐、幸福乃至生死承担的责任的认识和体验，是人最核心的东西，是人的精神支柱，是他的一切思想、情感、行为赖以产生的主根。义务感是道德的核心，它集中反映了人的精神面貌，决定了我们希望学生具备的品质：忠于共产主义理想，个人意愿服从社会意愿，在为社会服务中获得个人生活的幸福，对敌人毫不妥协，对祖国和人民无比忠诚，等等。

共产主义教育的核心是义务感教育，培养有高度义务感的人是我们的目标。只有具备高度的义务感，人才能够真正理解什么是幸福；只有忠于伟大的理想，人才能够变得高尚，才能获得幸福，才能建立丰富多彩的精神世界。

为什么在几乎完全相同的环境中长大的尤里和维克托成了截然不同的两类人——一个是英雄，另一个却是懦夫和变节者？我努力在人的关系中的最细小、最微妙的地方寻求答案。

我们的生活、我们的社会和道德进步的最实质的东西就是人和人的多种关系。有崇高精神境界的人和像维克托这样的卑鄙小人，在这个方面是有冲突的。这是尖锐的思想意识斗争，是新旧世界、新旧势力在最复杂的领域——人的精神领域里的斗争，是一代新人捍卫心灵纯洁的斗争。

是的，看起来似乎维克托和尤里的生活环境和受到的教育完全一样，但是他们在人生道路上却背道而驰。从幼苗长起的参天大树的粗长的主根，最初也只不过细如发丝。深明哲理的米科拉爷爷在和我的一次倾心交谈中，帮我找到了这细如发丝的孽根，他说："维克托眼睛不瞎，心却什么也看不见……他冷漠，晦暗，离群索居，只为自己活着。而尤里和维克托完全不同，他从小就心胸坦荡，常常为别人的事情着急。人的美就体现在这里。"米科拉爷爷的思想中闪烁着人民教育学的光辉，它解答了我们心中的许多疑问，使得许多几乎被人遗忘的真理又重新回到应有的位置。

我又想起了这样一件能解答我们疑惑的事情。有一次维克托的母亲生病了，而这时维克托正准备去少先队夏令营。人们一直瞒着孩子这件事情，连娜塔利娅自己也说："为什么要让孩子担心呢？孩子不应该受到任何惊扰……"两个无儿无女的老人和维克托家并排住着，维佳①常去他

①维佳，维克托的爱称。——译者注

们家玩耍，每次老人都要拿出甜胡桃和其他孩子喜爱的食品给他吃。但是母亲却禁止儿子前去探望生病的老人，她还是重复那句老话："为什么要让孩子看到痛苦和忧伤呢？"

从童年起就不让孩子了解别人的痛苦，不让他体验强烈的情感，这样他的心里也就没有了人——有欢乐和痛苦、悲伤和恐惧的人。这就是米科拉爷爷说的离群索居的含义。

和维克托完全不同，童年时尤里的心就总是敞开着，容纳人的各种感受和体验。小男孩经常给住在十千米外的邻村的外祖父、外祖母送去春天里的第一批蜂蜜和自家果园里最先成熟的苹果、胡桃。尤里的童年有欢乐，也有担忧、激动和牵挂。塔季扬娜慷慨地用自己的心去温暖儿子，同时，母亲的智慧也使他清醒地认识到，一个人，只有把自己的精神力量贡献给别人，自己才能获得最大的幸福和快乐。孩子因为关心母亲、外祖母和外祖父而快乐，这使他懂得了应该同情和体贴更多的人。有一次父亲给他读报，听到法西斯在西班牙土地上的残忍暴行，孩子哭了，整夜未睡，直到清晨才好不容易平静下来。从这个故事中，我更加明白了敏感的、易于接受教育的心灵是什么样的，也更加清楚了心灵的冷漠会招致怎样可怕的结果。

　　我亲眼看见一些人怎样出生，怎样学说话、学走路，怎样惊奇地打量周围的人；我时而倾听孩子们无所顾忌的心声；我时而倾听他们初次发表对人间善恶、荣辱、曲直、美丑的惶恐不安的评论。通过这些，我相信：人一旦意识到了自身的存在，就会把自己和周围的世界区分开来；人的形成、他将成为怎样的人、祖国将有怎样的公民、妻子将有怎样的丈夫、孩子注定将有怎样的父亲——在所有这一切中，人的欲望和义务感的相互协调具有决定性的意义。

　　通过对儿童个人和集体生活的观察，对青少年每一句话和每一个心理活动的思索，对什么是决定一个人与集体、与他人关系的努力探察，我发现决定着人与集体、与他人关系的是义务感，也就是意识到必须为公众利益做些什么的责任感。我研究了一些人个性形成的全过程——从学说第一个词直到获得公民证和中学毕业文凭，还研究了他们的个性在家庭和集体中是怎样逐渐发展和完善的。我深入到人的关系中最细微、有时是最隐秘的地方去弄清楚使欲望和义务感协调的途径。

　　我的研究对象来自最不相同的家庭：一些家庭和睦、安定，孩子在宁静、平和的氛围中长大，而另一些家庭冲突不断，孩子的心灵从小不断受到惊吓；有些家庭不假思索地满足孩子的各种欲望，而另一些家庭的孩子的愿望则受到父母过分的限制或者压制。

　　我坚信义务感是人的个性的核心，是公民自我牺牲精神和对人民、对理想赤胆忠心的核心。作为一名教师，我努力探索人们是怎么获得这笔精神财富的以及它遵循着怎样的规律。看到每一年都有一批新社会的积极建设者，一批有能力为人民创造幸福和快乐、并且因此也获得个人巨大幸福的优秀青年走进社会，我感到非常高兴。

现在浮现在我的脑海里的是那个有着一双透着聪慧的黑眼睛，并且总是略带几分激动的十七岁的阿廖沙。阿廖沙是个孤儿，十岁失去母亲，十四岁又失去父亲。年迈祖母的生活和老人家的平安，全都只靠着他一个人。阿廖沙在面对如此坎坷的命运时，并没有惊慌失措，也没有颓废沉沦，他顽强地承担起全家顶梁柱的责任。在毕业典礼前夕的那个六月之夜，阿廖沙这样说："我既要上大学，也不能撂下我的祖母不管。"这个决定非常勇敢，但年轻人并不觉得它有什么特别之处。进了大学，他领了助学金，每天晚上都要出去工作，他不仅要用微薄的工资养活自己，还要供养祖母。如今，大学毕业后，他成了一名工程师，仍和祖母生活在一起。有一次我去他家做客，他的祖母对我说："我能活到现在，多亏了孙子的爱心和自我牺牲精神。"

生活越来越使人相信，一个在童年和少年时期不知道感激生他养他、使他走上自立道路的人，一个不曾以任何方式证实过自己感激之情的人，最终会变得冷漠，没有同情心。

我明白了，义务感是一个人有良心的最重要的原因，是人心中的法官。如果把良心比作一只小船，那么义务感就是小船的舵和桨，一个没有义务感的人是不会有良心的，也不会有做人的高尚原则。同样的，从未体验、表现过崇高义务感的人不可能有坚定、高尚的生活信念。

在激励孩子们承担并且履行自己的崇高义务的同时，我也触及孩子们敞开的心灵，观察他们的眼神。我发现，一种非常密切的联系存在于义务感和人的信仰、观点及立场之间。看来，为了使儿童的欲望和义务感协调，还必须善于建立义务感与信仰、观点、立场之间的联系。正是"我要"和"我应该"这两者的协调，决定了人的整个道德面貌。一个没有切身体验过高尚义务感的人，是不可能真正认识到人的幸福和快乐的，他也不会意识到自己的幸福依赖于别人的劳动，也就不会去感激别人。而义务感的源泉，正是感激之情。

尽管个人与社会的关系、邪恶与善良的对立、我们应该怎样做人等道理明明白白，教育者也不厌其烦地以各种方式（说服、鼓励、训诫、申斥、惩罚等）无数次地重复，学生们却始终听不进去，不为之感动，认为它们不可理解。全部的问题就在于：对于有重要教育作用的真理，如果人仅仅用头脑去理解事实，而不用心灵去体验思想，那么它永远不可能变成人的信念、观点和立场。我相信，那些似乎不可理解的事情，一般发生在那些在童年和少年时期没有履行过义务，没有通过履行义务证实过自己的高尚品格，甚至都不知道自己应该对谁承担义务、承担什么义务的人身上。

最使每一个教育者——不仅是孩子们的教师，也包括成人教育工作者——高兴的，莫过于在他为学生树立道德美好、精神高尚的光辉榜样时，学生顿时心跳加快，他们的思想立即奔向了未来，眼睛也因为兴奋和激动而发出光彩。如果达不到这种境界，教师灌输的道德真理是不会被学生当作自己个人的财富去珍惜的。

把学生引入这种境界是我的理想，也是我作为一名教师对自己工作的要求。但是我坚信，如果教师本人不能很好地履行自己的各种义务，不能自觉地以此向学生证实自己品德的高尚和精神的富有，那么他是没有力量把自己的学生引入这种境界的。

往往有这样的事情发生：

你给五年级学生讲故事：为了祖国的自由和独立，一个英雄献出了自己的生命。所有的学生都聚精会神地听着，英雄的壮举使他们热血沸腾。可就在这时，你发现了一个学生冷漠、没有生气的目光。因为这双空洞无物的眼睛和对英雄行为无动于衷的心灵，你久久不能平静。你夜不能寐，苦苦思索这样的问题：这种可怕的精神冷漠从哪里而来？为什么如此神圣的东西却打动不了他的心？或者说，难道在这孩子的心灵里还有一些隐秘的角落是教育影响难以达到的吗？

我越来越相信，只有把外部的教育影响与受教育者的自我教育统一起来，教育才会发生效力。所以我不断探察学生的心灵，帮助他们在集体中建立起相互承担责任和义务的关系，引导他们通过履行职责和义务展现自己的品德，并且通过这种方式认识自己、教育自己。但是实现这种统一的前提是人要珍惜某种东西——首先是珍惜人，珍惜自己与别人的关系，然后是珍惜思想和真理。正如伟大的思想家和诗人歌德曾经说的那样："真理，只有在它为人所用的时候，才真正成为真理。"

是的，人们从认识自己与他人的各种关系开始理解道德观念、政治观点和思想原则的真谛，并且逐渐把它们变成自己的信念和行为准则。人们会在认识了自己与别人的关系后感觉到一种责任：我应该怎样做，别人才会把我看成一个有美德的人？显然，如果儿童和青少年神情冷漠，对任何事情都无动于衷，那么他们不会懂得什么是珍惜人，不会知道给别人快乐和幸福会使自己也得到快乐和幸福；当然，他们在生活中也没有珍惜过人，没有为别人创造幸福和快乐的体验。因为只有在人与人像兄弟一样相互鼓舞、相互帮助的关系中，思想才能产生，所以谁不懂得珍惜人，谁就不会懂得珍惜道德和政治真理，也就不会有思想。

也正因如此，我们才相信可以使孩子成为接受教育的人，可以让他们接受年长者首先是教师的教育影响。这个瓦洛佳为什么这么坏，这么难以教育？为什么任何方法在他身上都不起作用？这些令人苦恼的问题的答案也一年一年渐渐明晰了起来：这是因为瓦洛佳身边的人，首先是他的父母和教师没有激起他崇高的义务感，没有教他学会珍惜——首先是珍惜人和集体，然后是珍惜道德原则。不知道什么是珍惜的人，也就不会理解别人的规劝、建议和训导，就像沙石地留不住水分和养料一样。因为一个人的利益、幸福和快乐总是和其他人的利益、幸福和快乐联系在一起，所以与人相处时必须遵循一个重要的原则——应该。没有尽过义务的人，连"应该"这个概念都难以理解。

也许有的教师认为上面的议论过于抽象，与生活没有什么联系。其实不然，这里谈到的都是学校日常工作中最实质的东西，也可以说，都是和学生道德教育相关的基本知识。

在学校里，我们每天都要无数次用到"应该"这个词，它首先是以教师对学生提出要求的方式说出来的。我们正在用无数个"应该"的砖块建造一座名叫"义务"的大厦。但是，大厦要建得坚固，必须得有非常坚实的地基——义务感，即在履行对他人和集体的义务时产生的自信。把"应该"看作自己对自己的要求和良心对自己的嘱托，这些都是使义务大厦坚固的基石。思考一下，我们教育中的一种不协调现象（它甚至成了我们教育的一个特点）不是没有好处的，这就是教师过于经常地对学生说"你应该……"，而学生过于稀少地对自己说"我应该……"，很多时候甚至不说。要知道，你完全不可能去指望一个对自己毫无要求的学生成长为有义务感的人。

于是我懂了，教师应该首先打开学生的心扉，让他有一颗敏感的、易于接受教育影响的心，然后再去用自己的话语和意志教育孩子。

我们应该为此做些什么？为了人的心灵中的义务大厦永不动摇，我们应该怎样给它奠定坚实的地基？

在我国，每一个公民都必须把个人利益与他人、集体、社会和祖国利益联系起来。义务感产生于人与周围人的各种关系中，但是履行义务，却要从个人最细小的生活行为开始。在履行义务的过程中，深刻的个人意义也会和行为的社会意义神奇地融合在一起。人对自己的最高义务——维护社会和社会主义祖国的利益的认识和体验，是从认识和体验自己身边人的利益开始的。使人产生义务感的最强大的力量，是人，是人的生活、斗争、快乐、忧伤，这些都是最复杂的认识对象。多年的经验使我相信，人怎样对待、要求自己，怎样控制自己的良心，所有这些，都与他幼时快乐和幸福的源泉是什么有直接的联系。所以形象地说，我认为培养儿童最高义务感的起点是从儿童开始懂事时起，就要教育他用心灵去感触别人的命运。要教育孩子把别人的命运看作与自己休戚相关的事情；要使孩子从关心一个一个具体的人的命运开始，逐渐扩展到关心国家和社会的命运；要引导孩子在为国家、社会奋斗的时候看到自己的未来。

　　我们经常在家长学校和家长一起讨论怎样才能使孩子幸福和快乐。我确信，这应该是教师和家长共同关注的最重要的问题。家长对幸福这一概念的理解，他对孩子幸福的态度，是教育智慧最重要的源泉之一。毫不夸张地说，父母的教育智慧首先就表现在怎样看待孩子的幸福上。儿童的幸福，既可以是使人温暖、给人生气的篝火，也可以是吞噬一切、使人毁于一旦的灾祸，关键在于你如何控制它。如果能够解决这个问题，一大半的教育难题就会迎刃而解。显而易见，召开一次学者、教师、家长共同参加的、专门讨论这个问题的大型学术会议是很有必要的。

　　幸福是怎样展现在一个开始用智慧和心灵认识世界的人面前的，或者确切些说，我们教育者是否善于在孩子们面前揭示幸福，决定了人将成长为怎样的人，将与别人建立一种怎样的联系。我们幼小的教育对象能不能接受和珍惜前辈们历尽艰辛创造出的道德珍宝，更重要的是，他们的道德发展能不能达到这样的高度——把为人民、为共产主义理想服务看作自己生活的最高意义，取决于他们在头脑中怎样想象幸福，怎样理解和感受幸福。如果一个人不能认识人生幸福的真正意义和真正价值，那他就不能认识自己，不能把握自己的思想、情感和精神冲动，最终也不可能成为自己良心的主宰者。

作为为年轻一代的命运负责、也要为人民的未来负责的教育工作者，面对这样的情况，我们不可能不感到担忧：在我们的社会里，许多家庭的孩子们不知道幸福是什么，他们殷勤的父母满足了他们所有的愿望，他们生活得太舒适，太安逸，几乎没有任何缺憾。让孩子们从小就随心所欲地消费，无节制地满足他们的所有欲望，会导致他们逐渐变成个人主义者；他们的需要和愿望会变得畸形、怪诞，但却完全察觉不到别人的需要和愿望。因为他们不能接受我们社会的道德财富，因而经常与社会的道德规范发生摩擦。所以，在这种"幸福"环境下长大的孩子们其实是非常不幸的。如果学校明白这种只有享受的幸福会导致怎样的后果，就会下大力气帮助孩子们认识和体验真正的幸福。

在我看来，教育的理想状况应该是这样的：家庭和社会都来关心人的幸福，都为年轻一代的成长操心甚至惊恐不安。成年人要懂得，儿童不经历困难，不感受紧张，就不可能理解和获得幸福。所以我坚信，让孩子有强烈的情感体验，使他的心灵受到震动，是教育的最鲜明的一个侧面。劳动，在这里起着重要的作用。良知和义务感的最主要、也是最忠诚的捍卫者就是劳动。广义地说，劳动是精神振奋和手的技巧相结合的活动，它反映了人对他人、集体和祖国的态度。劳动的高尚动机是在为人民服务的事业中表现自己。

儿童和青少年最重要的幸福源泉，是对劳动保持永远的崇敬之情。能把儿童和其他人，首先是自己亲近的人，然后是所有诚实正直的同胞联结起来的，就是对劳动的尊重和对他人、对社会的义务感。崇敬劳动的情感和劳动创造幸福的思想，使人产生自己应当做些什么的愿望。只有在这种愿望的基础上，才能去谈基本的道德修养，才能去谈自己对未来的责任感。对于儿童来说，如果他不能在父母的劳动和社会的劳动中产生惊异、崇敬的感情，那么他是无法产生"我也应当做些什么"的愿望的。

我确信，引导儿童认识世界应该从引导儿童认识劳动开始，让儿童加入人与人的多方面的社会关系，应该从让儿童用劳动来表现自己对其他人的关爱态度做起，如果儿童最初的关心、惊恐、不安、激动是与这种自我表现联系在一起的，那么它们就正好使得儿童的愿望和他的义务协调了起来。如果没有这种协调，高尚品德、牺牲精神、忠于理想和事业，等等，都是不可思议的。

当一年级的小学生们听到我说"萨沙的妈妈是乳品场

的女工，大约五百个人对乳制品的需要因她的劳动而得到了满足，萨沙的父亲在养羊场工作了二十年，几千名工人和集体农庄庄员因他的劳动而有了衣服穿"时，他们的眼睛里都显露出钦佩和自豪的神情。极为平凡的事情在孩子们面前展现了它极不平凡的一面，孩子们也看见了他们自己发现不了的东西。教师们应该把这样一个真理告诉孩子们：父母平常从事劳动，是在对很多人尽他们应尽的义务；他们之所以受到大家的尊重，有了自己的荣誉和社会地位，是因为他们履行了自己的义务。

"父母的工作非常普通，却非常有意义"，孩子对此越是惊奇，他要为父母做些什么事情的愿望也就越是真诚。请珍惜孩子的这种愿望，亲爱的父亲们、母亲们，这是儿童心灵的巨大道德财富。孩子关心父母，为父母的平安和幸福操心甚至惊恐，这是父母真正的幸福。如果你们的孩子已经想到要做些什么来表达自己对父母的爱，那么他已经踏上通往最高义务——对社会和社会主义祖国的义务——的路程。还要记住，在我们成人看来，儿童用于表达自己心意的劳动细小得很，甚至微不足道，但他们却付出了巨大的精神力量。这种似乎微不足道的劳动就像在翻松土地，这块土地就是我们家长、教师、社会将要播撒公民意识、爱国主义和忠于伟大理想的种子的土地。"我现在还做不到，但是我将来要做很多事情报答父母。"这是儿童最早产生的道德信念，它的唯一的、无可替代的源泉，是为了表达自己对父母（也是对成人）的爱而劳动。儿童成长为一个有同情心、有良心的人的基础，就是这个信念。有了这个信念的孩子会把父母看作生他养他的人，任何时候他都不会向父母提出无理的要求。除此之外，他还把父母看作他报效社会和祖国的活的、具体的对象。

帮助孩子找到能够表现自己复杂的精神冲动和向往的劳动需要很高的教育技巧。特别重要的是，这种劳动不是为了娱乐而进行的游戏，它是真正需要高度紧张（适合孩子的体力和能力）的劳动。但是请不要害怕这种紧张，也不要害怕你的孩子身上出汗、手上长茧。想要培养出细腻、敏感、坚强、有温情的心灵，必须进行使人劳累、流汗、长茧子的劳动。即使这种劳动极不显眼，但是，从这里会开启儿童生命中一个积极向上、充满激情的新时期。这种紧张的劳动会培养人的高尚品格，因为它充满了高尚的动机。

家庭是源头，爱国主义情感和信念的伟大长河就从家庭开始。所以我确信，我们学校、家庭和社会必须做的最细致、也是最必要的事情，就是引导孩子进行这种看似不起眼的劳动。我们的教育制度如此不关注孩子们的这种劳动，简直让人无法理解。

这就很自然地让我想到这样一些问题：祖国体现在哪里？人对伟大祖国的神圣义务感的源头在哪里？我们不仅对这些问题很感兴趣，也对它们感到激动和不安。

不久以前，我和我过去的学生（他三十岁了，是我两个学生的父亲）交谈。他指着自家门前一棵挺拔的杨树激动地对我说："您还记得吗？这棵树是您建议我给妈妈栽下的，我亲手培植大了它。我母亲当了二十五年的甜菜种植组组长，每年给人们提供几千普特（1 普特 ≈16.38 千克）的甜菜。在我心里，母亲永远是真正的英雄，我为她感到自豪。带着对母亲的爱，我种下了这棵杨树，希望它能像母亲一样美丽，像母亲一样永远令我自豪。在我照料这棵树的时候，心里总有一个愿望：我要成为更好的人，我感到自己和某种珍贵、神圣的东西靠得越来越近。儿时的这种劳动使我渐渐成熟起来。"

教育，在我看来，是一种难得的幸福。在困难和复杂的教育工作中，这样一则真理非常重要，应该使人在童年和少年时代就接受它：在我们的时代，从精神上关心人、帮助人，给人以力量，是一种无与伦比的、特殊的劳动，它非常精细，做起来很不轻松；在我们的社会，确实有一些需要我们帮忙担水、劈柴、送面包的人，但是更多的、多得无以数计的人，需要的则是人的关怀，也就是说他们缺乏精神上的慰藉、同情、体贴和安慰。善于发现精神上需要帮助的人，是心灵的巨大财富。我发现，让学生拥有这笔财富的不可替代的一课，就是培养学生的义务感。

　　我认为，教育的重要任务之一是在孩子刚刚懂事的时候，就引导他了解社会，了解祖国，教育他为了祖国的独立、荣誉和强大而斗争。但是只有那些有明确的立场和观点，对世界上的事情有浓厚的兴趣并且积极行动的人，才可能把人引入这样的世界。那些自身缺乏热情的鉴赏家和旁观者是不可能做到的。实际上，这个问题事关道德教育能否奏效，意义重大。

　　我坚决认为，人的精神生活的一个重要时期就是儿童和青少年时期，因为在这个时期，他们有了做个公民的最初愿望，而且这个愿望特别强烈。也就是说，他们有了在社会生活的大舞台上表现自己、展示自己个性和力量的渴望，特别希望体验和感受到自己加入了伟大、高尚的事业。这意味着重要的政治、道德思想——祖国的命运、它的强盛、为庄严的共产主义事业而奋斗，所有这些都应该成为对我们学生有深刻个人意义的事情。

　　影响青少年心灵的无可代替的有力手段是说服，但是它有一个非常重要的前提，这就是教育者首先要确定青少年可以接受说服教育。如果一个人在童年和少年时期只知道享受和满足，没有体验过真正的幸福，那么教师的教导、劝诫、呼唤对他就会毫无影响。所以必须引导他在履行义务、为别人做好事的过程中表现自己的美德，认识自己的力量，在为别人创造幸福和快乐的过程中理解和体验幸福。

作为一名教师，我怎样才能把我的学生引入社会生活的广阔天地，使他逐渐成长为公民呢？为了让我的话语能够打动儿童和少年的心，我首先应该对孩子们的心田进行耕耘，以便能够播撒触动孩子们心灵的话语，然后走进他们已经敞开的心扉。教师的话语应该像一支火把，能够帮助孩子们发现个人日常生活中无法比拟的、崇高的、有意义的东西，那就是祖国和人民的历史命运、忧伤和希望。教师话语的主要作用是让年轻公民的心，因为热爱祖国、崇敬英雄、仇恨敌人而战栗。这个时候，投身于伟大、崇高事业的强烈愿望就会油然而生。

教育者的话，必须给学生以强大的精神力量。所以无论我对自己的学生讲什么，讲在战斗中倒下的英雄们的壮举，讲把自己最亲爱的儿女献给祖国的母亲的痛苦和骄傲，讲二十世纪野蛮的文明人——杀害越南儿童的美国凶手的暴行，讲资本主义国家儿童的命运……我一刻也不忘记使自己的讲话有强烈的感染力。请记住，履行崇高的义务必须得有精神力量的支持。如果教育者的讲话只是为了传达信息，并且教育者自身也缺乏热情，那他就不能吸引青年，不能使他们信服。教育者自身的立场、观点和对世界的态度，决定了他们的话语有没有教育力量。

一个年轻的公民，和似乎与他无关的心贴得越近，他的精神生活就越充实，他就越想做点什么来证明自己是个合法公民。

　　要使青年做好从事崇高劳动的精神准备，要使他们按照公民的标准自觉要求自己。培养义务感，这不仅仅是教育学理论和学校生活的中心问题，也是社会政治生活的一个重要问题。

劳动和义务

我收到一封来自一位受到所有乡亲尊敬的集体农庄女庄员写来的信。

信的开头这样写道：

"我要对您诉说自己的悲伤，尽管我感到很惭愧。我的儿子阿纳托利已经是一个十六岁的小伙子了，我非常疼爱他。但是现在我不知道该拿他怎么办了！他不想学习，也不想工作。不久前，他甩给我这样一句十分生硬的话：'我可以去上学，但是在过节前，你得给我买一套新衣服。'我告诉他：'现在还不行。而且我一直都在给你买衣服，你没有看到吗？我也得给自己买些必需的东西。''那不行，谁叫你是母亲？你就活该受苦。'说完这话，他砰地一声关上门就走了。"

读完这封信我感到很不安，这对母子住得离我不远，乘坐公共汽车几个小时就可以到达。于是我前去拜访，并和阿纳托利、他的母亲和教师都进行了交谈。教师痛心地对我说："母亲是个获得过勋章的、出色的劳动者，然而她的儿子却游手好闲，懒得出奇……"

为什么一个热爱劳动、把一生都贡献给别人的好母亲，却养大了这么一个懒儿子？为什么这么一个冷酷无情的儿子偏偏遇上了如此朴实、善良、热诚、体贴人的妇女？这是怎么一回事呢？我想再一次证实三十年来一直让我平静不下来的思想确实是真理，所以我努力地探察这个十六岁少年的童年和少年生活。

从孩子哭叫着向世人宣告自己的降临时，他就有了自己的行为和举动。他渐渐张大眼睛，用心灵和智慧去认识世界。他看着母亲，向她微笑，脑海里第一个模糊的思想（如果能称之为思想的话），就是以为母亲、父亲的存在是为了让他快活、幸福。孩子学会了站立，看见了朵朵鲜花和在鲜花丛中飞舞的蝴蝶，看见了色彩鲜艳的玩具……他非常高兴。只要他这个儿子开心，父亲也好，母亲也好，也就开心了……在往后的日子里，这个规律的作用越来越明显：如果孩子的行为、举动、兴趣只受自己需要的支配，那么长此以往，孩子就会畸形发展。在他对生活的要求越来越高，甚至不合常理的同时，他对自己却几乎没有任何约束。

就是这样，这些恶习的纤细娇嫩的根须——懒惰、无所事事、不劳而获、残忍、冷漠滋生出来了。渐渐地，孩子的精神越来越空虚。刚一迈上独立劳动的道路，这些在童年、少年时期被轻易满足各种需要的青年，就对生活失去了信心。

对人进行正常、和谐教育的前提，是把人的行为的最初的、基本的、在某种程度上甚至是原始的动机，与更有力、更细致、更智慧的动机——义务结合起来。其实，人的生活正是始于做那些不合心意、但为了公共利益又必须去做的事情。

一些更为高尚的需要是在义务感的基础上形成的。我认为，共产主义教育最最圣洁的地方就在于此：越早让义务这个概念进入孩子的生活，他就会成长得越高尚，他的精神就会更加富有，道德也会更加纯洁、诚实。

那么，应该怎样培养孩子的义务感呢？

几十年的时间里，我编辑了一本汇集了一批优秀人物的故事的文选。这些人物之所以伟大、高尚，是因为他们都出色地履行了自己对祖国、社会和亲人的义务。这些关于义务的美好故事可以指导孩子们如何履行生活中的义务，帮助他们做好自觉从事高尚劳动的准备。

男孩子们修建了一个葡萄园，我们形象地把它叫作"母亲的果园"。在这个葡萄园里，每个孩子都有自己的几棵葡萄树。他们负责照管它们，每天都要为它们操心、出力。他们将在每天的工作中充分地了解劳动，充分地享受童年的欢乐。这个时候，他们首先是一个劳动者，而不是爸爸、妈妈照看的对象。

我们也很注意发展儿童对物质财富的责任感。在我们学

校，少先队有自己的小型机械化工作组；共青团员也有自己的
青年机械化工作组，他们支配着更多的物质财富。这么做是为
了让孩子们更加了解成人的劳动，在思想上逐渐成熟起来，为
了使义务感成为集体生活的精神基础。

一个在田野上漫步的十五岁少年，看到自己亲手栽种的小
麦和由他亲手耕耘、施肥的土地，因为有了他的保护，没有被
盐碱侵蚀，会油然而生一种自豪感：这些都是我干出来的！一
个人在劳动成果中看到自身形象越来越鲜明，那么义务感也就
越来越深地进入到他的心灵和意识中，他就越来越向往做个品
德高尚、有崇高理想的人，他也会更加严格地审视自己，他的
良心会用更加严厉的声音告诉他：我应该……

在用劳动创造物质财富和精神财富的同时，人也在创造自
己。没有劳动，没有身体和精神的紧张，青少年时代的生活是
难以想象的。所以，如果我们希望我们的孩子成为真正的人，
那么就不要再为他们精心营造轻松安逸、无忧无虑的童年了。

身体和精神的紧张，对于劳动来说是必不可少的。有了这
些，才有可能培养出热爱自由劳动的共产主义新人。要知道，
人摆脱强制劳动的奴隶枷锁，完全不是为了再沦为懒惰生活的
奴隶。所以，认为共产主义就是轻轻松松过日子的思想十分错
误，也十分幼稚，它对于教育十分有害。

我国正在普及中等义务教育，要求所有的儿童在十七岁以
前都必须坐在课堂里学习。今天激动地系上少先队领巾的九岁

孩子，就是明天的公民。意识到这一点，需要巨大的教育智慧。这就要求我们更加重视对学生的思想教育和劳动教育，丝毫的失误都有可能把学生变成只知消费的寄生虫。最后，不要忘了贯穿教育智慧的一根红线——把劳动教育和培养义务感结合起来。